왕초보도 100% 성공하는
부동산 투자 100문 100답

왕초보도 100% 성공하는
부동산 투자
100문 100답

부동산 투자의 귀재 박정수를 만나면 당신도 곧바로 부동산 부자가 될 수 있다!

박정수 지음

평단

당신은 뭘 해도 부자가 될 수 없다

"세상 사람들은 남이 나보다 열 배 부유하면 헐뜯고, 백배가 되면 두려워하고, 천배가 되면 그의 일을 해 주고, 만배가 되면 그의 하인 노릇을 한다. 이것이 사물의 이치다."

— 사마천의 《사기》 〈화식열전〉에서

대부분의 사람들이 너무나도 지질하게 살아가고 있다, 안 그런가?

자! 한번 보자. 청년들은 취직을 목표로 갖은 노력을 다한다. 그렇게 해서 취직하면? 꿈이 생길까? 웃기지 마라. 꿈은커녕 생존 경쟁에 목을 맨다. 피 터지게 경쟁하면서 40대가 넘으면 명예퇴직이다. 그런 마당에 무슨 꿈이 있고 희망이 있단 말인가?

또한 당신이 회사에서 미친 듯이 노력했을 때 제대로 인정

받았는가? 아닐 것이다. 그게 쉽지 않다는 사실을 잘 알 것이다. 회사 생활이란 게 힘들 수밖에 없다.

이런 당신에게 성공이나 부자라는 말이 자신의 이야기로 들리겠는가? 당신은 지질하지 않으려야 않을 수가 없다.

기성세대는 어떤가? 회사에서는 사오정, 오륙도라는 말에 불안해하고 집에서는 가족들에게 존경받지 못하는 사람이 얼마나 많은가?

누군가는 독서를 많이 하라고 한다. 그러면 성공할 수 있다고 한다. 자기 계발과 재테크, 삶의 자세나 처세에 대한 책을 많이 읽으면 성공할까? 웃기는 소리다. 그러한 책들이 지금 당신 현실과 얼마나 일맥상통하는가? 그저 남의 이야기 같지 않은가?

재테크 책을 많이 읽어서 부자가 되었다는 사람을 본 적이 있는가? 난 아직까지 재테크 책을 많이 읽어서 부자가 되었다는 사람을 한 번도 본 적이 없다. 또한 재테크 책을 쓴 저자들도 어떻게 하면 부자가 된다고 말은 하지만 자신이 부자인 경우는 극히 적고 그가 말한 방법도 그저 공허한 소리, 현실과 동떨어진 소리뿐이다.

나도 몇 년 전까지 재테크 책을 수없이 읽어 봤지만 나오는 건 욕뿐이었다. 그런 책은 많이 읽어 봐야 거기서 거기인 삶을 살고, 한숨만 내쉬는 인생을 살 뿐이다.

나는 10여 년간 실패와 좌절, 이혼, 배신을 겪으며 너무나도 아픈 과정을 거쳐 왔고 그 누구보다도 지질하게 사는 사람이었다.

하지만 나 박정수만의 처절한 방법으로 성공을 이루고 진정한 부자가 된 이후 제대로 된 성공방정식, 부자방정식을 이 시대의 힘들어하는 사람들에게 진심으로 전하고 싶었다.

이 책이 당신의 인생을 바꿔 줄 것이다. 당신은 이 책을 통해 멋진 성공을 맛볼 것이다. 이 책이 당신을 거대한 부자로 만들어 주는 부동산 투자 노하우를 전해 줄 것이다. 당신이 지질하게 살지 않도록 만들어 줄 것이다.

이 책은 보통 사람들의 고정관념과 완전히 다르다. 요즘 같은 환경에서는 기존의 고정관념으로 성공한다는 게 너무나도 힘들다는 것을 잘 알기 때문에 현실적이고 구체적인 방법으로 거대한 부자가 되는 진짜 성공의 나침반 역할을 할 것이다.

대신 이 책을 아무나 읽지 않았으면 한다. 성품이 좋고 하루하루 성실히 살아가면서 성공과 부를 이루고자 하는 사람만 읽었으면 한다. 이기적이고 성실하지 않으면서 달콤한 열매나

따 먹으려는 사람에게는 내 노하우를 밝히고 싶지 않다. 그런 사람이 부자가 된다는 것은 나에게 치욕이다.

제발 아무나 읽지 말아 달라. 진심 어린 부탁이다.

당신은 진정 성공하고 싶은가? 진정한 부자가 되고 싶은가? 지금까지 상상도 하지 못한 거대한 영웅으로 살고 싶은가?

그렇다면 이 책을 읽어 보라. 그리고 실행에 옮겨라. 당신의 인생이 180도 바뀔 거라고 확신한다. 당신은 부자가 되어 가는 기적을 마음속 깊이 느낄 것이다. 지질하지 않은 당당한 모습으로 다시 태어날 것이다.

이 책은 당신의 인생에 큰 도움이 될 것이다.

당신도 이 책을 통해 남들이 부러워할 수조차 없을 만큼 큰 성공과 부를 얻기 바란다.

2016년 4월

박정수

contents

Part 02 부동산

Part 03 부자가 되는 자세

부록 **시크릿 노트**

왕초보도 100% 성공하는

부동산 투자
100문 100답

Part 01 | 재테크

근검절약하면 부자가 안 된다고?

옛날에는 그저 근검절약이 부자가 되는 지름길이라고 했다. 절약만이 살 길이고 절약이 최고의 미덕이었다. 사람들이 모이면 서로들 어떻게 절약하는지를 이야기하고, 그렇게 한 푼 두 푼 모아서 목돈을 만들며 기뻐하곤 했다. 우리 부모님도 그러셨고 나도 그랬고 우리 세대도 그랬다.

지금도 근검절약을 해야만 부자가 되는 것일까?

난 그렇지 않다고 본다. 지금 이 시대는 근검절약을 하면 절대 부자가 될 수 없다고 생각한다. 왜냐고? 예전에는 재무 지식이라는 게 필요 없었다. 그냥 아끼고 저축하고 집 사면 끝이었다. 하지만 지금도 이 방법이 유용할 것 같은가? 아니다, 절대 아니다.

당신의 월급에서 일정 금액만 저축하고 남은 돈은 마구 써

라. 돈을 마구 쓰라는 말이 이상한가? 하지만 난 마구 쓰라고 말한다. 나이트클럽을 간다든가 과소비를 하라는 말이 아니다. 매월 저축하고 남은 돈은 아끼지 말고 책을 사서 읽거나 좋은 옷을 구매하거나, 아니면 취미 생활에 투자하라는 것이다.

이 시대에 책은 어떤 의미일까? 난 지금도 자부한다. 부자가 되는 데 가장 큰 힘을 준 것은 바로 책이었다고. 수많은 책을 읽은 것이 나 자신을 큰 부자로 만들었다. 책이 없었다면 지금의 나 자신은 존재하지 않을 것이다. 지식 한 자락 없이 지질하게 살고 있을 것이다.

단, 재테크 책은 권하지 않는다. 서점을 아무리 돌아봐도 제대로 된 재테크 책은 없는 것 같다. 통장을 쪼개라든가, 펀드에 가입하라든가, 한 푼이라도 아끼고 살라는 내용을 보면 그냥 찢어 버리고 싶다. 어떻게 그런 걸 재테크라고 쏟아 낸단 말인가? 쓸모없는 재테크 책은 읽지 말자. 대신 성공한 사람들의 자기 계발서나 성공 스토리 등 실생활에 큰 도움이 되는 책을 권한다.

다음은 옷이다. 옷은 자기만족을 위해 입기도 하지만 남에게 나를 드러내는 수단이 되기도 한다. 처음 만나는 사이라면 일단 옷매무새를 보고 상대방을 판단하지 않겠는가? 돈이 없다는 이유로 싸구려만 입고 다닌다면 이미지 메이킹을 하기 힘들다. 월급이 너무 적다면 돈을 모아서라도 좋은 옷을 준비하기 바란다. 사실 나도 젊을 때는 싸구려 옷만 입었다. 한 푼이라도 아끼기 위해서였다. 그런데 사람들을 만날 때 제대로 차려입었더라면 더 좋은 기회를 얻었을 거라는 생각이 든다.

"옷을 아무렇게나 입고 다니는 사람을 보면 화가 난다."라고 말하던 연예인이 떠오른다. 그렇다, 옷차림도 전략이다. 시대가 달라졌다. 점퍼 하나만 걸치고 다녀도 성공하는 시대가 아니란 말이다. 자리에 맞게 전략적으로 차려입고 다녀야 성공할 수 있다는 것을 명심했으면 한다.

또한 당신이 좋아하는 취미 생활에 투자해야 하지 않을까? 몰두하고 싶은 취미가 있는데도 돈이 아까워서 차일피일 미룬다면 당신은 늙어서도 즐길 수가 없다. 물론 수천만 원이 드는 취미 생활을 하라는 게 아니다. 수십만 원짜리 카메라를 가지고도 사진 찍는 기쁨을 만끽한다면 얼마나 행복한 일인가?

그저 열심히 돈을 모으느라 취미고 뭐고 삶의 즐거움을 포기한 채 살아가는 부모님을 보며 그렇게 살면 안 되겠다 싶었다. 지금은 악착같이 모으지 않아도 부자가 되는 방법이 많다. 제발 돈을 좀 쓰고 살자. 그래야 더 큰 사람이 된다.

저축은 확정된 손실이라고요?

예전에는 열심히 저축하면 부자가 된다고들 했다. 실제로 부모님 세대는 저축이 최고의 재테크이며, 근검절약이 최고의 미덕이었다. 한 푼이라도 아껴서 저축하고, 그렇게 목돈을 만들어서 작은 집을 마련했다. 그리고 또 열심히 모아서 더 큰 집으로 이사 가는 것이 부자가 되는 방법이자 서민들의 꿈이었다.

부모님들처럼 허리띠 졸라매고 열심히 모으면 우리도 부자가 될 수 있을까? 천만의 말씀이다. 저축으로 돈을 모으는 시대는 끝났다. 저축으로 목돈을 만들어서 집을 마련한다고? 이게 얼마나 미련한 발상인지 지금부터 하나하나 짚어 보자.

예전에는 저축 이율이 좋았다. TV 드라마 〈응답하라 1988〉을 보면 1988년만 해도 은행 이율이 15퍼센트를 넘었다. 요즘 젊은이들은 15퍼센트라는 저축 이율을 들어 본 적이나 있는지 모르겠다. 2016년 현재 은행 이자가 2퍼센트 초반이다.

도대체 저축 이율 차이가 몇 퍼센트인가?

실제로 중요한 것은 이율이 아니다. 우리는 매년 물가가 상승하는 자본주의 사회에서 살아간다. 당신이 체감하는 물가상승률이 얼마일 것 같은가? 적어도 매년 4퍼센트 정도 아닐까?

물가는 매년 4퍼센트 가까이 오르는데 당신이 저축하는 은행의 이율은 2퍼센트 오른다고 한다면, 이익인가 손해인가? 말할 필요도 없이 손해다. 물가가 매년 4퍼센트씩 오른다고 한다면 은행 이율도 4퍼센트는 되어야 본전이다. 이율이 2퍼센트라면 은행에 통장을 만든 순간부터 손해를 보고 시작하는 것이다. 우리는 저축만으로는 절대 부자가 될 수 없는 시대에 살고 있다.

은행 이자가 높을 때는 재무 지식 같은 게 필요 없었다. 그냥 은행에 저축하면 나중에 목돈을 받을 수 있었다. 하지만 지금은 재무 지식을 갖추지 않으면 시간이 지날수록 도태되고 만다는 사실을 알아야 한다.

은행 저축으로 계속 돈을 모으겠다고 생각하는 사람은 자본주의 사회의 미개인이다. 은행은 이제 목돈을 만들어 주는 곳이 아니다. 은행은 내가 큰돈을 벌 수 있도록 밑천을 빌려주는 곳이다. 한마디로 은행의 패러다임이 바뀌었다.

물가는 계속 오르는 걸까?

지금까지 살면서 물가가 한 번이라도 내린 적이 있는가?

아마 없을 것이다.

참 신기하지 않은가?

도대체 물가는 왜 한 번도 떨어지지 않고 계속 오르기만 한 단 말인가?

물가가 내리면 어떤 결과가 일어나는지 간단한 예를 들어 보겠다. 에어컨이 필요해서 구입하려 한다고 하자. 120만 원 정도를 예상했는데 막상 가 보니 100만 원이라면 바로 구입하고 싶지 않을까? 예상보다 저렴하니까 당연히 구입할 것이다.

그런데 매장 직원이 다가와서 귓속말로 이렇게 말했다.

"고객님! 이 에어컨은 다음 주에 회사 프로모션으로 85만 원까지 떨어질 예정입니다. 오늘 구입하지 마시고 다음 주에 오서서 15만 원을 아끼십시오."

일주일만 기다리면 15만 원이 할인되는데 지금 사겠는가? 다음 주에 다시 갔는데 정말로 에어컨이 85만 원까지 떨어졌다면 기쁜 마음으로 계산할 것이다.

그런데 매장 직원이 또 앞을 막았다.

"방금 회사에서 연락이 왔는데요, 5일만 지나면 이 에어컨이 60만 원으로 더 떨어진다고 합니다. 5일 뒤에 구입하시면 어떻겠습니까?"

당신이라면 어떻게 하겠는가. 보통 사람이라면 당연히 5일 뒤에 구매할 것이다.

사실은 이 단순한 이야기에 많은 원리가 숨어 있다. 먼저 물가가 계속 내려간다면 물건을 바로 구입하겠는가, 아니면 뒤로 미루겠는가? 당연히 구입을 미룬다. 며칠 뒤에 사면 위에서 말한 에어컨의 예처럼 몇 십만 원을 아낄 수 있으니 당연한 일 아닌가?

소비자가 구입을 미루면 그 상품을 만든 기업의 매출이 어떻게 되겠는가? 당연히 기업이 예상한 매출보다 줄어들 것이다. 매출이 줄어들면 기업의 이익도 줄어들 것이다. 기업의 이익이 계속 줄어들면 결국 직원을 대거 해고하는 구조조정을 단행하지 않겠는가? 구조조정을 단행하면 일반 국민도 큰 타격을 입는다.

기업의 매출 또는 이익에 비례해서 세금을 걷는 정부 역시 매출과 이

익이 줄어드는 만큼 징수해야 할 세금의 양이 줄어들지 않겠는가?

물가가 계속 떨어지면 정부에도 큰 타격이고 기업에도 큰 타격이고 국민에게도 큰 타격일 수밖에 없어 국가 경제 전체에 엄청난 문제로 다가오는 것이다.

004
······

물가는 누가 올리는 걸까?

위에서 설명한 대로 물가는 시간이 지남에 따라 계속 올라갈 수밖에 없다. 물가가 오르지 않으면 국가 경제가 큰 문제에 봉착하면서 경제 자체가 돌아가지 않기 때문이다. 그렇다면 물가가 저절로 오르는 것인가? 아니다, 물가는 살아 움직이는 생명체가 아닌 터 저절로 오르지 않는다. 물가는 정부가 의도적으로 계속 올리는 것이다.

정부에서 물가를 계속 올리기 위해 만든 기관이 어디인지 아는가? 바로 한국은행이다. 한국은행은 다양한 정책을 통해서 물가를 계획적으로 차근차근 계속 올리는 중요한 역할을 한다.

물가가 떨어지면, 즉 디플레이션이 되면 정부는 완전히 미쳐 버릴 수밖에 없다. 경제가 완전히 공황 상태에 빠지면서 국민

들의 경제생활이 극도로 힘들어지고 기업이 폐업하는 등 엄청난 혼란에 빠져들 것이다.

정부가 부동산 가격을 열심히 올리려는 이유도 여기에 있다. 부동산 가격이 떨어지면서 파생되는 부정적인 결과가 너무나 크다 보니 억지로라도 올려서 경제를 돌리려 하는 것이다.

그렇다면 우리도 물가가 계속 오르는 경제 현실에 잘 대처해야 하지 않겠는가?

아무것도 모른 채 은행에 저축하고 펀드에 가입하고 연금보험 같은 상품에 드는 것은 정말 바보 같은 짓이다. 조금이라도 더 알아야 제대로 대처할 수 있는 것이다.

005

물가가 오를 때는 현금이 나은가,
실물 자산이 나은가?

물가가 오를 때는 현금을 모으는 게 좋을까, 아니면 실물 자산을 갖는 게 좋을까? 당연히 실물 자산을 권한다.

물가는 은행 이자가 아주 낮을 때 오르는 법이다. 은행 이자가 낮으면 시중에 돈이 마구 풀리기 때문에 물가가 오르기 쉬운 것이다. 그런데 저금리 기조란 게 쉽게 바뀔 수 있는 것이 아니다. 정부가 기업을 살리고 경제를 살리기 위해서 저금리 기조를 유지할 확률이 높은 만큼 물가는 계속 가파르게 오를 것이다.

이럴 때는 현금을 가지고 있는 게 손해다. 현금 가치가 떨어지기 때문이다. 물가가 계속 오른다는 것은, 지금은 호빵 하나를 1000원에 사 먹을 수 있지만 내년에는 1200원을 주고 사먹어야 한다는 것을 의미한다. 다시 말해 지금의 1000원과 내

년의 1000원은 가치가 다르다는 말이다. 이런 시기에 은행에 장기 저축을 한다거나 금리형 장기 금융 상품에 가입하는 것은 시작부터 손해를 보고 들어가는 셈이다.

돈을 모으는 대로 실물 자산에 투자하는 게 정답이다. 소형 아파트가 좋은 예다. 1000만 원대 후반의 돈이 있다면 소형 아파트를 사는 것이다. 그 소형 아파트의 매매가와 전세가가 오르는 걸 보며 적잖이 놀랄 것이다. 은행 이자는 쥐꼬리만큼 오를 때 소형 아파트는 그 이자와 비교할 수 없을 정도로 만족을 안겨 줄 것이다.

실물 자산 하면 금과 은이라는 투자 수단도 있지만 소형 아파트 효과에는 한참 미치지 못한다고 생각한다. 지금까지 소형 아파트만큼 좋은 실물 자산은 보지 못했다.

월급만으로는 생활하기
힘든 시대가 온다

우리 부모님은 월급을 알뜰하게 모아서 재산을 불리며 지금의 안정된 가정경제를 이루셨다. 우리 부모님만 그랬겠는가? 우리 윗세대는 다 그러지 않았겠는가? 그때는 물가가 오르는 속도보다 월급이 오르는 속도가 빨랐다. 은행 이자도 높았다. 당연히 돈을 모으는 기회나 방법이 많았던 것이다.

그런데 지금은 어떤가? 지금 당신은 월급이 오르는 속도에 만족하는가? 당신의 월급이 가파르게 오른다고 생각하는가? 절대 그렇지 않을 것이다.

반면 물가가 오르는 걸 보면 어떤 생각이 드는가? 정부는 물가가 별로 오르지 않는다고 말하는데, 과연 당신도 이 말에 동의하는가?

당신이 자주 마시는 커피 가격만 봐도 몇 년 전보다 크게 올

Part 01
재테크

랐다. 채소값이나 과일값 등도 마찬가지다. 전셋값이 오르는 것은 놀라서 벌어진 입이 다물어지지 않을 지경이다. 모든 물가가 정말 많이 올랐다.

당신의 월급이 오르는 속도보다 물가 오르는 속도가 훨씬 빠르다는 점을 항상 인식해야 한다. 이러한 추세는 당신이 죽을 때까지 계속될 것이다.

우리 부모님 시대라면 월급에 만족하면서 살아도 된다. 하지만 지금 우리는 저성장 시대, 월급이 물가를 따라오지 못하는 시대, 언제 회사를 그만둬야 할지 모르는 시대에 살고 있다.

그저 월급에 만족하고 살아서는 안 된다. 절대 안 된다. 당신이 도태되고 당신의 삶이 더욱 힘들어지는 결과를 재촉할 뿐이다. 당신의 머릿속에 재무 지식을 갖춰야 한다. 이제는 노동을 통해서 부를 이루는 시대가 아니라 당신의 머릿속 지식으로 부를 이루는 시대다. 이 책도 당신에게 조금이나마 재무 지식을 전하기 위해 내놓은 것이다. 부디 재무 지식을 갖추기 위해 노력하기를 바란다.

은행은 아군이 아니다

은행은 당신에게 도움이 되는 존재일까? 은행이 당신에게 이익을 돌려줄 거라고 믿는가? 방송 광고에서 말하는 것처럼 은행이 당신에게 큰 힘이 되어 줄 거라고 생각하는가?

그 반대다. 물론 부자에게는 참 고마운 존재다. 부자에게는 조금이라도 더 대출해 주려고 부단히 노력한다. 제발 은행 돈 좀 빌려가 달라고 빌고 또 빈다. 한마디로 부자에게 은행은 아군이다.

하지만 보통 사람들, 즉 당신에게는 적군이기 쉽다. 은행은 수많은 방송 광고를 통해서 은행에 저축하라고 유혹한다. 저축을 하면 정말 당신에게 이익이 돌아올까?

앞에서도 설명했듯이 은행에 저축해 봤자 쥐꼬리보다도 적은 이자를 지급할 뿐이다. 반면 은행은 도대체 얼마나 벌 것

같은가? 우리로서는 상상할 수 없을 정도로 엄청난 이익을 얻는다. 구체적으로 알고 싶다면 EBS 다큐프라임 《자본주의》를 보라. 당신이 반드시 알아야 할 경제와 금융 정보를 전할 것이다. 그 어떤 책보다도 월등한 내용을 담고 있으니 꼭 보기 바란다.

은행은 아파트를 구입할 때도 대출을 받으라고 부추긴다. 설상가상으로 대출금을 하루라도 빨리 갚으라고 재촉한다. 대출금을 빨리 갚으면 돈을 빌린 당신에게 이익일까, 아니면 돈을 빌려준 은행에 이익일까? 대출을 빨리 갚으면 대출 이자의 총량이 줄어들기 때문에 돈을 빌린 당신에게 이익일 거라고 생각하기 쉽다.

안타깝게도 은행이 더 이익을 본다. 물가 상승을 고려하면 돈은 빨리 갚는 것보다 천천히 갚는 게 훨씬 이익이다. 그런데 은행은 이러한 사실을 잘 알고 있음에도 불구하고 당신에게 정확히 이야기하지 않는다.

게다가 당신이 대출 이자를 갚지 못하는 상황이 생긴다면 은행은 가차 없이 당신의 아파트를 경매에 붙인다. 좀 기다려 달라고 아무리 부탁해도 소용없는 일이다. 은행은 당신에게 빌려준 원금과 이자를 모두 회수하기 위해서 갑자기 괴물로 변해 버린다. 지금까지 친절하던 모습은 온데간데없고 오직 당신에게 빌려준 돈을 회수하는 데만 혈안이 된다. 경매가 진행되는 과정에서도 당신의 어려운 상황은 아랑곳없이 피비린내 나는 싸움만 벌어진다.

은행은 당신의 아군도 아니고 당신에게 큰 이익을 주는 곳도 아닐뿐더러 혹시나 당신에게 힘든 상황이 생길 경우 당신을 더 어렵게 만드는 존재일 뿐이다.

은행을 믿지 마라. 부자에게는 하찮고 우스운 곳이지만 보통 사람들에게는 무서운 곳이라는 사실을 명심했으면 한다. 당신에게 부탁하건대 제발 부자가 돼라. 그래서 은행을 당신 맘대로 이용하라.

금리에 따라
움직이는 금융 상품은?

　당신이 흔히 보는 금융 상품은 은행 금리에 따라서 이자가
붙는 것들이다. 이런 상품이 당신에게 이익이 될까, 아니면 손
해만 안길까?

　다시 강조하건대 우리가 가장 먼저 생각해야 하는 것은 물
가 상승, 즉 인플레이션이다. 물가는 우리가 죽을 때까지 계속
오른다고 봐야 한다. 소비자 물가가 매년 4퍼센트씩 오른다고
봤을 때, 당신의 금융 상품도 4퍼센트 이상의 이자가 나와야
한다. 그래야 손해를 보지 않는 구조가 된다.

　그런데 금리에 따라서 이자가 붙는 상품은 현재 이율이 2퍼
센트대다. 지금 같은 저금리 기조에서 금융 회사가 이자를 붙
인다면 얼마까지 붙이겠는가? 정부가 함부로 금리를 높일 수
도 없는 경제 상황에서 말이다. 은행 금리가 1퍼센트대까지 떨

어질 거라고 예측하는 사람도 있다.

과연 이런 금융 상품이 당신에게 도움이 된다고 보는가? 은행이 당신의 피를 빨아먹는다고 봐도 무방하다. 당신이 힘들게 번 돈을 매달 금융 회사가 받아서 자기 이익을 챙기는 구조라는 것을 알아야 한다. 이런 금융 상품은 절대 가입하면 안 된다.

문제는 대부분의 사람들이 금리에 따라서 이자가 붙는 금융 상품에 가입한다는 점이다. 이런 금융 상품은 보험설계사나 재무설계사가 판매하는데, 고객들에게 안정적이다, 주가가 오르든 내리든 상관없이 계속 이자가 붙는다, 만기 때 원금 이상은 받는다라고 강조하면서 가입을 권유한다. 정말 맞는 말일까?

안정적이라고? 웃기지 마라. 물가가 계속 오르는 상황에서 이자를 2퍼센트씩 준다는 것은 당신은 그저 계속 손해 보라고 말하는 것과 똑같다. 원금이 1000만 원인데 10년이 지나서 1200만 원을 받는다고 생각해 보라. 과연 이익일까? 지금은 1000만 원 가지고 자장면 2000그릇을 사 먹을 수 있지만, 10년 뒤에는 1200만 원으로 1000그릇도 못 사 먹는다.

그런데 이런 금융 상품에 가입할 경우 원금 1000만 원이 10년 뒤 1200만 원이 될 거라고, 얼마나 큰 이익이냐고 권유한다면 이처럼 거짓된 말이 어디 있겠는가? 당신을 완전히 속이는 것이다.

이게 안정적인가? 이게 원금 이상인가? 그래서 당신이 은행

과 보험 회사에 속지 말아야 한다는 것이다. 당신이 어떻게 번 돈인가? 요즘같이 힘든 상황에서 최선을 다하며 어렵게 번 돈 아닌가?

이런 금융 상품에 가입하고는 안정적이라며 좋아한다고 생각해 보라. 좋아해야 하는 쪽은 당신이 아니라 금융 회사와 이런 상품을 판매하는 설계사다. 당신은 이런 상품을 권유받으면 분노해야 한다. 그 자리에서 화를 내야 한다.

진정한 복리란?

복리라는 말이 한창 유행한 때가 있었다. 72의 법칙이라는 것도 있었다.

나는 복리 중에서 가장 대표적인 게 물가, 즉 인플레이션이라고 생각한다. 한번 생각해 보자. 지하철 요금이 200원이던 때가 있고, 담배가 200원이던 때가 있고, 라면이 100원이던 때가 있고, 내가 좋아하는 과자는 300원이던 때가 있었다. 10년 전에는 버스 요금이 500원이었다.

그런데 오르고 올라서 지금에 왔고, 앞으로도 계속 오를 것이다. 완벽한 복리다. 대신 물가는 우리에게 고통을 주는 마이너스 복리다. 요즘 보험설계사들이 복리라고 하면서 판매하는 금융 상품은 실제로는 복리가 아니라 고객을 속이는 상품이 대부분이다. 금융 회사가 고객을 속이는 것이다.

우리는 반드시 물가 상승을 뛰어넘는 수익을 올려야 한다. 하지만 보험설계사가 복리라고 판매하는 저축 상품은 거의 다 은행 금리에 따라 이자를 지급하는 상품이고, 은행 금리는 물가 상승을 따라가지 못한다. 과연 복리란 말이 맞을까?

그렇지 않다. 복리라는 말로 당신을 속이는 것이다.

물가 상승, 즉 인플레이션을 이기는 방법은 소형 아파트에 투자하는 것이다. 소형 아파트의 수익은 물가 상승보다도 높은 복리로 오른다. 앞으로 물가 상승 압력은 더욱 심해질 것이다. 우리는 제대로 된 복리를 통해 대처하자.

연금저축은 가입할 게 아니다

나는 강의할 때마다 연금저축보험은 절대 가입하지 말라고 주장한다. 대부분의 재테크 책 또는 신문을 읽거나 재테크 강의를 들어 보면 재테크에서 가장 필수는 바로 연금저축보험이라고들 하면서 꼭 가입하라고 권한다. 그런데 왜 난 그들과 반대로 이야기하는 것일까?

우리는 살아가면서 연금저축보험은 기본으로 꼭 가입해야 한다고 생각한다. 소득공제 혜택을 많이 받는 줄 알기 때문일 것이다. 실제로 연금저축보험은 연간 400만 원 한도로 납입 금액의 100퍼센트에 대해 소득공제 혜택이 있다. 같은 금액을 공제받아도 소득이 많을수록 소득세율이 높기 때문에 세금 혜택도 더 많다.

이런 이유 때문에 고소득자일수록 연금저축보험에 가입한다.

그래서인지 해마다 연말정산 시기가 되면 연금저축보험에 가입한 직장인이나 고소득자들은 세금을 많이 환급받았다고 좋아한다.

그런데 정말 연금저축보험은 단점이라는 게 없을까? 대부분의 사람들이 거의 다 가입하고 신문이나 책에서도 기본으로 꼭 가입해야 한다고 말하는 연금저축보험은 정말 단점이 없는 것일까?

나는 연금저축보험은 가입하면 정말 안 되는 금융 상품이라고 생각한다. 연금저축보험은 소득공제라는 이점보다도 단점이 훨씬 더 많기에 이 책을 통해 그 점을 말하고자 한다.

첫 번째, 연금저축보험은 세금 혜택이 있는 것처럼 보이지만 실제로는 그렇지 않다고 볼 수 있다. 대부분의 사람들은 매년 소득공제 혜택이 있기 때문에 세금을 덜 내는 줄 안다. 절세 혜택이 아주 크다고 좋아한다.

하지만 이것은 잘못 알고 있는 것이다. 훗날 연금저축보험을 통해 연금을 수령할 때 세금을 낸다는 사실을 알고 있는가? 내가 강의할 때 청중들에게 이 사실을 아느냐고 물어보면 아는 분이 거의 없다.

우리나라는 원칙적으로 1년간 벌어들인 모든 소득을 합산해서 '종합소득세'를 매긴다. 소득 구간에 다른 세율을 보면 '1200만 원 이하'는 6퍼센트, '1200만 원 초과부터 4600만 원 이하'는 15퍼센트, '4600만 원 초과부터 8800만 원 이하'는 24

퍼센트, '8800만 원 초과부터 1억 5000만 원 이하'는 35퍼센트 이런 식으로 높아져서 연소득이 1억 5000만 원을 초과할 때는 최고 38퍼센트까지 올라간다.

종합소득세율	
과세 표준	세율
1200만 원 이하	6%
1200만 원 초과 – 4600만 원 이하	15%
4600만 원 초과 – 8800만 원 이하	24%
8800만 원 초과 – 1억 5000만 원 이하	35%
1억 5000만 원 초과	38%

그런데 연금저축보험은 사적 연금으로서 나중에 연금을 수령할 때, 위에서 말한 종합소득에 합산되어 아주 막대한 세금을 내야 할 수도 있다는 사실을 아는 사람이 얼마나 될까?

실제로 국민연금, 공무원연금 등 공적 연금(종합소득에 포함)을 제외한 사적 연금 소득이 연 1200만 원 이하일 때는 3-5퍼센트의 연금소득세만 내면 된다. 즉 종합소득세의 적용을 받지 않고 분리 과세의 적용을 받아 아주 적은 세금만 내면 된다.

하지만 사적 연금 소득이 연 1200만 원을 넘으면 종합소득에 포함해서 종합소득세율을 적용하기 때문에 15-38퍼센트의 세율이 적용된다.

예를 들어 노후에 종합소득이 4000만 원 이상 되는 상태에서 사적 연금 소득이 연 1200만 원을 넘으면 그 사적 연금 소

득의 30퍼센트에 가까운 세금을 내야 하고, 만약 종합소득이 이보다 더 많다면 사적 연금 소득의 40퍼센트에 가까운 세금을 내야 한다는 이야기다. 연금저축보험을 통해 매년 소득공제 받은 금액과 비교할 수 없을 정도로 큰 금액이다.

물론 노후에 소득이 많아 봐야 얼마나 많겠느냐고 반문하는 경우도 있다. 그런데 당신이 지금 40세라고 했을 때 20여 년 뒤 물가가 어떨 것 같은가? 지금의 100만 원이 그때는 200만 원이지 않을까? 지금의 2000만 원이 그때는 4000만 원이라고 한다면, 20년 뒤 소득 4000만 원이 넘는 사람은 상당히 많을 것이다.

그렇다면 연금저축보험은 훗날 엄청난 세금을 저절로 내게 만드는 정부의 효자 상품이 될 가능성이 아주 크다. 어쩌면 정부도 나중에 부족한 세금을 충당하기 위해 연금저축보험에 가입하기를 원하는 것은 아닐까?

정부가 시간이 갈수록 물가가 오르는 것을 모를 리 없고, 또한 당신의 소득은 가만히 앉아 있어도 인플레이션 때문에 저절로 오르는 터라 세율이 함께 오를 수밖에 없다는 것을 모를 리 없지 않겠는가?

게다가 당신이 노후를 맞을 시점에 정부가 세금을 더욱 무겁게 매길 가능성이 크다. 지금의 현격한 출산율 저하로 인해 노동 인구가 줄어드는 만큼 세수 확보가 어려울 테니 세금을 무겁게 매기거나 세율을 더 올릴 가능성이 크다는 것은 쉽게 예측할 수 있는 일이다.

두 번째, 연금저축보험은 보험 상품이기 때문에 사업비가 있다. 사업비는 보험 회사의 주수입원으로 거의 모든 연금저축보험의 사업비가 납입 금액의 10퍼센트에 가깝다. 즉 매월 보험 회사가 당신이 내는 금액의 10퍼센트를 떼어 간다는 말이다. 이게 어디 적은 금액인가?

한두 번도 아니고 오랜 세월 계속 떼어 간다면 이 또한 큰 단점이라고 할 수 있지 않겠는가? 보험 회사가 공개적으로 이야기하지 않아서 모를 뿐 보험 회사로서는 이 연금저축보험이 막대한 수익원일 것이다. 은행이나 증권사에서 판매하는 연금저축 신탁이나 펀드 상품은 납입 총액에 대해 매년 0.5-0.6퍼센트를 사업비로 떼기 때문에 연금저축보험에 비해 사업비 측면에서 훨씬 나을 수 있다.

세 번째, 연금저축보험은 금리형 장기 상품이다. 정부는 시간이 가면 갈수록 경제를 살리기 위해 저금리 기조를 유지할 수밖에 없을 가능성이 아주 크다. 현재의 은행 금리가 1-2퍼센트이기 때문에 연금저축보험은 이 금리 이하로 계속 운용될 수밖에 없다. 어떤 보험 회사가 은행 금리보다 높은 이율로 연금저축을 운용하겠는가? 그런 바보 같은 보험 회사는 없다.

그런데 소비자 물가는 매년 4퍼센트 가까이 오르기 때문에 연금저축보험에 가입하면 가만히 앉아서 손해 보는 구조인 것이다. 물가는 매년 4퍼센트씩 오르는데 당신은 연금저

Part 01
재테크

축보험에서 1-2퍼센트의 이자를 받는 구조이다 보니 당연히 매년 2-3퍼센트씩 손해 보는 셈이다. 그런데 보험 회사가 한 번이라도 이런 사실을 자세히 설명하는 것을 본 적이 있는가?

네 번째, 해약하면 불이익이 엄청나다. 연금저축보험은 말 그대로 보험 상품이기 때문에 일정 기간 안에 해약하면 해약환급률이 원금보다 낮다. 보험 가입 후 얼마 안 돼서 해약해 본 경험이 있다면 무슨 말인지 잘 알 것이다. 게다가 연금저축보험은 해약환급금이 기타 소득으로 간주돼 16.5퍼센트의 세금이 부과되고, 5년이 지나지 않았다면 해지가산세 2.2퍼센트 추가에 그동안 연말정산으로 세금 감면 혜택을 받은 것까지 모두 다 추징당한다. 이게 말이 되는가?

아래의 기사를 한번 보자.

연금저축의 '역설'

● 가입자 절반은 중도 해지······ 세액공제 감안해도 원금 손실

4년 전 보험사에서 판매하는 연금저축보험에 가입해 매달 34만 원씩 총 1300만 원을 납입한 직장인 A씨는 최근 목돈 들어갈 일이 생겨 중도 해지를 문의했다가 황당한 대답을 들었다. 해지수수료를 물고 지금까지 연말정산 때 돌려받은 세금 등을 토해 내고 나면 되돌려 받는 돈이 700만 원도 안 된다는 것이다.

직장인의 노후 수단이자 절세 상품인 연금저축이 많은 직장인을 울리고 있다. 연금저축은 10-20년 이상 꾸준히 돈을 넣었다가 은퇴 후 연금으로 받는 상품이다. 하지만 연금저축 가입자 중에는 중도하차자가 많고, 그 경우 A씨처럼 원금 손실 피해를 입는다.

● 연금저축, 10년 이상 유지하는 경우는 절반도 안 돼

지난해 6월 말 기준으로 연금저축 가입자는 545만 명에 이른다. 적립한 돈은 107조 원에 달한다. 연금저축 상품은 은행, 보험사, 증권사 등에서 파는데, 보험사(81조 원) 점유율이 가장 높다. 정부는 국민연금으로는 부족한 노후 대비 수단을 스스로 마련하도록 장려하기 위해 연금저축에 절세 혜택을 준다. 연간 400만 원 한도 내에서 납입액의 13.2퍼센트(최대 52만 8000원)를 환급받는다.

하지만 절세 혜택에도 불구하고 연금저축 유지율은 높지 않다. 금융감독원에 따르면 3대 생명보험사(삼성·교보·한화) 대표 상품의 경우 10년 전 가입자의 계약유지율은 58퍼센트다. 신한·KB·우리·KEB하나은행 등 4대 은행의 연금저축 가입자도

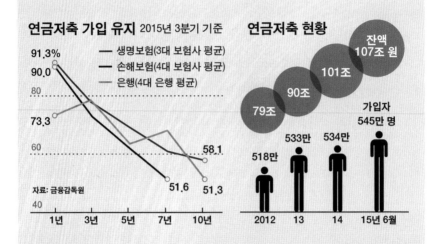

연금저축 가입 유지 2015년 3분기 기준

생명보험(3대 보험사 평균)
손해보험(4대 보험사 평균)
은행(4대 은행 평균)

91.3%
90.0
80
73.3
60
58.1
51.6 51.3
자료: 금융감독원
40

1년 3년 5년 7년 10년

연금저축 현황

잔액 107조 원
101조
90조
79조

가입자 545만 명
533만 534만
518만

2012 13 14 15년 6월

10년 전 가입자의 계약유지율이 51퍼센트다. 연금저축 가입자의 절반 정도가 이런저런 사정으로 대부분 10년을 넘기지 못하고 중도 해지하는 것이다.

● **연금저축에 숨은 함정**

문제는 중도 해지할 경우 다른 금융 상품보다 손해가 크다는 점이다. 중도 해지할 때 연금저축 가입자는 연말정산 세액공제율(13.2퍼센트)보다 3.3퍼센트포인트 높은 기타 소득세(16.5퍼센트)를 내야 한다. 2013년 3월 전에 가입한 사람은 가입 후 5년 이내 해지 시 해지가산세(2.2퍼센트)까지 있다.

은행이나 증권사에서 판매하는 연금저축 신탁이나 펀드 상품은 납입 총액에 대해 매년 0.5-0.6퍼센트를 사업비로 떼어

가기 때문에(1000만 원 납입 시 연간 5만-6만 원, 운용수익률은 따로 합산) 그나마 원금 손실이 적은 편이다. 반면 보험형 상품은 매달 납입액의 7-10퍼센트를 사업비로 떼어 가기 때문에 손해가 크다.

직장인 김모(33) 씨의 경우, 2년간 총 800만 원을 납입한 연금저축보험을 지난해 12월 해지했는데 원금보다 25퍼센트가량 줄어든 598만 원만 손에 쥘 수 있었다. 해지환급금은 717만 원에서 다시 기타 소득세(16.5퍼센트) 118만 원이 부과됐다. 김씨가 2년간 받은 세액공제액(105만 원)을 감안해도 김씨는 12퍼센트(96만 원)의 원금 손실을 본 것이다.

보험 회사가 사업비를 너무 많이 받는 것 아니냐는 지적에 대해 보험업계 관계자는 "보험 상품은 원래 계약 초기에 사업비를 많이 떼고, 이후에는 사업비가 계속 줄어드는 구조"라며 "신탁이나 펀드는 계속 늘어나는 적립금 전체에 사업비를 적용하기 때문에 10-20년 이상 장기로 봤을 때는 보험이 총사업비가 더 적다."고 설명했다.

(이후 생략)

— 김지섭 기자, 〈조선비즈〉, 2016. 2. 7.

Part 01
재테크

자, 한번 생각해 보자.

이처럼 수많은 단점을 가진 연금저축보험이 이 시대 직장인의 필수품이라고 여러분은 생각하는가?

어떤가? 위에서 언급한 단점에 대한 내용을 봤을 때 여러분은 연금저축보험이라는 상품에 가입하지 말아야 한다고 생각하지 않는가?

그런데 아직도 연금저축보험에 가입하겠다고 연락해 오는 고객이 참 많다. 그 알량한 소득공제를 좀 받겠다고 말이다. 연금저축보험은 가입하지 않는 게 좋겠다고 했더니 나를 이상하게 보며 다른 사람과 의논하겠다고 한 분도 있다. 머릿속에 재무지식이 없으면 그런 반응을 보일 수 있다.

게다가 연말만 되면 많은 보험 회사와 금융 회사에서 일반 사람들에게 연금저축보험에 가입하라고 막대한 판촉전을 벌이며 마케팅을 한다. 연금저축보험을 통해 소득공제를 받지 않는 것은 바보라는 식으로 말이다.

여러분은 절대로 이러한 마케팅에 속아넘어가면 안 된다. 금융 회사가 여러분을 위해 존재한다고 생각하면 절대 안 된다는 말이다. 그들은 자신의 이익이 우선이다. 절대로 금융 회사의 마케팅에 속지 말자.

또한 연금저축보험은 금융 회사와 정부의 합작품이라는 사실을 알아야 한다. 금융 회사야 연금저축보험을 통해 막대한 이익을 보기 위하여 만든 것일 테고, 정부 입장에서는 지금의 출산율이 워낙 낮으니 수십 년 후 일하는 인구가 적어서 생기는 세금 부족 사태를 막기 위해 만든 상품일 것이다.

선량한 당신이 금융 회사와 정부에 속아서 그 아까운 돈을 연금저축보험에 넣고 썩게 놔두면 되겠는가?

분산 투자가 정답일까?

워런 버핏은 분산 투자는 바보나 하는 짓이라고, 재무 지식이 없는 사람이나 분산 투자가 안전하다 생각하는 것이라고 말했다. 전적으로 동감하는 말이다. 나도 직장 생활을 시작할 때는 그저 분산 투자가 좋은 방법이라고 생각했다. 많은 재테크 책에서 분산 투자를 하라고 하기에 그런 줄 알았다. 은행 저축과 증권 회사 펀드를 비롯하여 여러 가지 상품에 가입해야 한다고 생각했다.

하지만 지금은? 은행 저축은 죽어도 안 하고, 펀드는 죽는한이 있어도 하지 않는다. 대신 딱 두 가지, 소형 아파트와 변액 금융 상품에만 집중한다. 실제로 그 두 가지를 통해 지금의 거대한 부자가 되었다. 그냥 펀드를 계속했다면 지금쯤 수익은 커녕 엄청난 마이너스를 기록하며 경제적으로 많이 힘들 것이다. 은행 저축을 고집했다면 물가상승률도 따라가지 못하는 이자에 기댄 채 가만히 앉아서 소중한 돈을 까먹고 있을 것이다. 난 오직 변액과 부동산이다.

대부분의 재무설계사가 내 말을 이해하지 못한다. 그저 분산 투자가 정답이라고 생각한다. 근무하는 금융 회사에서 그렇게 교육받아 왔기 때문이다. 하지만 나 같은 부자들은 분산 투자가 얼마나 어처구니없는 말인지 아주 잘 안다. 분산 투자는 어떻게 해야 부자가 되는지 확실한 비법을 모르는 사람들이 만들어 낸 방법이다. 어쩌면 분산 투자야말로 부자가 될 수 없는 방법이다. 당연히 분산 투자 따위는 아예 생각하지도 않는다. 단기간에 부자가 되는 방법을 아주 잘 아는데 왜 분산 투자를 한단 말인가? 투자에 자신 없는 사람, 부자가 되는 방법을 모르는 사람이 분산 투자를 하는 것이고, 분산 투자를 조장하는 게 바로 금융 회사다.

분산 투자는 당신을 절대 부자로 만들어 주지 못한다. 그저 당신의 돈을 손해 보지 않을 정도는 도와줄지 몰라도 당신이 거대한 부자가 되는 데는 티끌만큼도 도움이 되지 않는다는 것을 꼭 인지하기 바란다.

오직 집중이 답이다. 나는 신문의 재테크 상담란을 유심히 읽는데, 항상 드는 생각이 있다. 이렇게 상담하는 사람들이 전문가가 맞을까? 이 사람들 중에 부자가 있기는 할까? 한 번이라도 자기가 권하는 상품에 대해 곰곰이 생각해 보고 이야기

하는 걸까? 혹시 다른 사람이 자기에게 똑같이 하라고 하면 정말 할 수 있을까? 무슨 놈의 펀드에 그리도 가입하라는 건지, 무슨 놈의 연금에 그리도 가입하라는 건지 모르겠다. 아무리 뒤져 봐도 부동산 투자에 대한 내용은 없다. 부동산에 직접 투자해 보지 않은 한 아는 게 없을 테지만 말이다. 그러면서 금융 포트폴리오를 만들어야 한다고, 이리저리 여러 가지 가입하라고 강조한다. 분산도 보통 분산이 아니다.

단언컨대 분산 투자는 아니다. 아무리 열심히 가입해 봤자 펀드 수익이 마이너스를 피하는 것도 아니요, 부자가 되는 것도 아니다. 분산 투자로는 부자가 될 수 없다.

전문가랍시고 떠드는 장사꾼들에게 속아서 여러 가지 상품에 가입하는 것은 당신이 부자가 되는 길에서 완전히 멀어지는 일이다. 무조건 선택과 집중이다. 그게 정답이다.

장기 투자는 좋은 걸까?

펀드 회사나 펀드 판매사는 무조건 장기 투자를 하라고 권한다. 수익이 나도 계속 장기 투자를 하고, 수익이 마이너스여도 장기 투자를 하면 나중에 수익을 얻는다고 속삭인다. 무조건 장기 투자만이 정답이라고 말한다. 과연 맞는 말일까?

장기 투자는 고객을 위한 것이 아니다. 장기 투자를 하는 만큼 펀드 회사의 수수료를 오랜 시간 받아 가기 위함이다. 펀드는 당신이 납입하는 돈이 모이면 모일수록 그에 대한 수수료가 기하급수로 커지는 구조다. 당연히 증권 회사에서는 펀드 이익금을 단기간에 찾지 말고 계속 투자하라고 광고한다. 모증권사의 유명한 광고 문구도 "장기 투자가 답입니다!"였다.

장기 투자가 누구에게 답이겠는가? 우리 같은 일반 투자자에게 답이겠는가, 아니면 증권 회사에 답이겠는가? 답은 너무나 빤한 것 아닌

가? 회사에 엄청난 이익을 가져다주니까 장기 투자를 하라고 외치는 것이다.

펀드? 그거 하지 말자. 제대로 된 전문가를 만나면 펀드보다 훨씬 좋은 방법이 있다는 사실을 깨달을 것이다. 펀드를 판매하는 사람은 전문가가 아니다. 증권 회사 창구에서 펀드 상담을 하는 사람도 전문가가 아니다. 은행 창구에서 펀드를 판매하는 직원도 절대 전문가가 아니다. 그저 회사에서 판매하라는 펀드 상품을 열심히 팔기 위해 교육받은 대로 떠드는 앵무새 같은 존재일 뿐이다.

열심히 일해서 어렵게 버는 당신이 그런 앵무새한테 속아서야 되겠는가?

저금리 기조는 계속 유지될까?

정부는 끊임없이 경제를 발전시키려 한다. 안 그러면 경제가 침체되고 국가가 발전하지 못하기 때문이다. 경제를 발전시키려면 건설을 발전시키든, IT를 발전시키든, 복지를 발전시키든 여하튼 경제의 숨통을 터 줘야 한다. 결국 국가는 더 많은 화폐를 발행해서 시장에 계속 풀 수밖에 없다.

외국에서 돈을 빌려 오건, 아니면 채권을 발행하건 계속 돈을 뿌려야 한다는 것이다. 요즘처럼 갑작스럽게 왕창 뿌리든지, 아니면 평상시처럼 완만하게 뿌리든지 계속 돈을 뿌린다면 물가는 더욱 오르고 그만큼 돈의 가치는 떨어질 수밖에 없다. 나중에는 돈이 아니라 종잇조각이 되는 날이 올 수도 있다. 그렇지 않은가? 세상은 그렇게 돌아간다.

우리는 돈의 생리를 잘 알고 그것에 맞게 대처해야 한다. 아

직도 대출을 무서워하는 바보들, 아직도 실물 자산에 투자하는 것을 두려워하는 바보들. 이런 바보들 때문에 우리 같은 사람이 부자가 되는 것이다.

저금리 기조는 계속될 수밖에 없다고 생각하자. 단시간에 물가를 잡기 위해 정부가 금리를 올릴 수도 있겠지만, 이러한 경우는 극히 단기간일 것이다. 우리는 저금리 기조가 계속된다 보고 거기에 맞게 행동하면 된다.

저금리 기조에서 저축, 예금, 저축형 복리 보험, 연금저축 등에 가입하는 것은 바보다. 가만히 앉아서 손해 보는 일을 왜 한단 말인가.

저금리 기조가 계속되면 돈이 시중에 풀릴 수밖에 없고, 이로 인해 소비자 물가는 가파르게 오를 텐데 그 소비자 물가를 아예 따라가지도 못하는 금융 상품에 가입하는 것은 그 순간부터 손해를 보는 셈이다.

저금리에서는 실물 자산이 이길 수밖에 없다. 소형 아파트라든가 금이나 은 같은 자산이 그 어떤 수단보다도 강력한 힘을 발휘한다.

다시 말하지만 저금리에서 현금을 보유하거나 이율이 물가 상승률보다도 낮은 금융 상품에 가입하는 것은 바보라는 사실을 명심해야 한다.

근로 소득은
가장 많은 세금을 부담한다

　대부분의 사람들이 근로 소득으로 은행에 저축한다. 부채에서 벗어나고 싶은 사람은 근로 소득으로 그 빚을 갚는다. 집을 사는 사람은 근로 소득으로 집값과 수수료를 지불한다. 은퇴를 준비하는 사람은 근로 소득으로 연금 같은 금융 상품에 가입함으로써 은퇴 자금을 마련한다.

　하지만 여기에는 꼭 짚어 봐야 하는 문제가 도사리고 있다. 먼저 당신은 돈을 벌기 위해 열심히 일할수록 그만큼 더 많은 세금을 내야 한다. 나처럼 부동산 임대 사업을 한다면 당신의 소형 아파트는 당신을 위해 매일 열심히 일할 것이고, 아파트에서 얻은 수익에 붙는 세금은 당신이 열심히 일해서 얻은 근로 소득에 붙는 세금보다 월등히 적다. 당신이 소유한 아파트에서 전세로 사는 사람의 돈이 당신을 위해 열심히 일하고 구

르는 만큼 당신은 세금을 적게 낸다. 어쩌면 그 아파트를 통해 얻은 수익에서 세금을 아주 적게 내거나 아예 한 푼도 안 낼 수도 있다.

하지만 금융 교육을 제대로 받지 못한 사람들 그리고 부동산을 제대로 알지 못하는 사람들은 오직 샐러리맨으로서 받는 근로 소득을 위해 열심히 일한다. 문제는 샐러리맨이 자신의 근로 소득에 대해 가장 많은 세금을 낸다는 것이다. 근로 소득은 소득이 늘어나면 늘어날수록 정부에서 떼어 가는 세율이 커져서 결국 내야 하는 세금이 놀랄 정도로 많아진다.

금융 교육을 제대로 받고 부동산 지식을 제대로 갖춘다면 억울하게 막대한 세금을 내면서 살아가지 않아도 되고, 가만히 쉬고 있어도 수입이 끊어지지 않게 만들 수도 있고, 그렇게 계속 들어오는 수입에 대해 세금을 적게 내거나 아예 내지 않을 수도 있다. 제대로 된 금융 교육과 재무 지식, 부동산 지식이 필요하다고 주장하는 이유다.

신기하게도 대부분의 샐러리맨은 회사 일에 정신이 없어서인지 이러한 지식을 갖추려고 노력하지 않는다. 어마어마하게 부과되는 세금이 억울하지 않은 모양이다. 열심히 일하면 일할수록, 높은 위치에 올라가면 올라갈수록, 연봉이 높아지면 높아질수록 더 많은 세금을 내야 하는데도 경제 공부를 하지 않는다. 게다가 보통의 재무상담사나 보험설계사가 이런 사실을 알려 주는 경우도 못 봤고, 제대로 아는 전문가를 만난 적도 없다.

나는 강의할 때마다 "이제는 당신의 노동을 통해 돈을 버는 시대가 아니라 당신의 지식을 통해 돈을 버는 시대다."라고 강조한다.

지금 이 책을 읽는 당신도 제발 열심히 일할 생각만 할 게 아니라 당신의 돈을 제대로 지킬 수 있는 재무 지식을 갖춰라. 당신이 노력을 게을리할수록 당신의 돈은 정부가 빼앗아 가고 금융 회사가 빼앗아 간다는 사실을 잊지 마라.

당신은 정부의 호구다

평범한 직장인의 미래를 생각해 본 적이 있는가? 특히 대기업이나 안정된 회사에 다니는 사람들 말이다. 국가는 시간이 갈수록 부채가 증가한다. 대한민국의 부채도 지난 몇 년 동안 어마어마하게 증가했다. 미국도 마찬가지고 일본도 마찬가지다. 정부는 부채를 해결하기 위하여 국민에게 세금을 더 많이 내라고 한다. 이때 세금을 가장 잘 낼 수 있는 사람은 직장인이다. 직장인에게는 너무나도 쉽게 세금을 징수한다.

하지만 요즘은 중간에 해고되거나 명예퇴직을 당하는 사람도 많고, 경기가 워낙 좋지 않다 보니 폐업하는 회사도 늘어나는 추세다. 결국 대기업이나 안정된 회사에 다니는 사람들이 부족한 세금을 부담할 수밖에 없다. 이 모든 세금을 말이다. 우리가 부러워하는 직장인이 정부의 호구가 되는 것이다. 좋은 직장 다닌다고 안심할 일이 아니다.

또 한 가지, 정부는 어려운 경제를 살리고 정부의 재정 적자를 일시적이나마 해결하기 위해 엄청난 지폐를 찍어 낼 수밖에 없다. 지폐를 마구 찍어 내면 물가는 계속 오른다. 인플레이션이 지속된다는 말이다. 월급은 별로 오르지 않는데 물가는 계속 오른다고 생각해 보라. 열심히 노력해서 월급이 오른들 물가상승률을 따라가지 못한다면 당신은 아무리 일해도 계속 손해 보는 장사를 하는 셈이다. 얼마나 힘든 세상인가? 수입이 있어도 정부가 세금으로 떼어 가는 데다 물가 상승까지 겹치니 열심히 일해 봤자 수중에 남는 돈이 없다. 도대체 어떻게 살아가야 한단 말인가?

과연 정부가 당신 편일까? 정부는 시간이 갈수록 당신 편이 되기 힘들다. 지금의 힘든 경제를 살린다는 이유로 더더욱 친기업 정책을 펼 것이다. 기업에 갖가지 세금 혜택을 더 줄 가능성이 크고, 그만큼 정부의 세수입이 부족해진다. 그 부족한 세금을 바로 우리 같은 평범한 사람들이 부담하는 것이다. 기업들이 세금을 덜 내는 만큼 일반 국민이 세금을 더 부담해야 하는 구조! 어떤가, 당신은 정부 정책이 옳다고 생각하는가?

힘들게 번 돈에 더 많은 세금을 물린다고 하면 누가 더 열심히 일하고 싶겠는가? 땀 흘려 일한 사람을 세금으로 더 힘들게 하는 사회가 다가오고 있다는 사실을 알아야 한다.

당신은 지금 정부의 호구 노릇을 하는 것이다. 시간이 지나

고 수입이 증가할수록 당신의 호구 노릇은 더욱 심해지고, 결국 당신은 더욱 힘들 수밖에 없는 구조에서 살아가는 것이다.

소형 아파트를 마련해서 임대 사업을 하라고 강하게 주장하는 이유다. 언제까지나 정부에 당하고 살겠는가? 언제까지나 부당하게 세금을 더 내며 살겠는가? 이제는 부동산 임대 사업을 통해 정부를 이용하는 현명한 사람이 되자.

바보는 죽도록 일만 할 뿐 정부가 세금과 인플레이션으로 점점 궁핍하게 만든다는 것조차 모른다. 당신은 바보가 되면 안 되지 않겠는가? 부탁이다. 정부에 이용만 당하는 바보가 되지 말고 당신이 정부를 이용하는 현명하고 멋진 투자자가 되자.

금융 회사의
매트릭스에 빠지지 마라

EBS 다큐프라임 《자본주의》는 금융 회사의 구조에 대해 자세히 알려 준다. 무엇보다 놀라운 사실은 금융 회사에서 일하는 사람들 대부분이 절대 전문가가 아니라는 것이다. 그들은 단지 회사가 팔라고 지시한 상품을 한 달에 얼마 이상 팔아야 한다는 것, 절대 고객을 위해 움직이지 않는다는 것, 자기가 몸담은 금융 회사의 이익이 우선일 뿐 고객의 이익이나 손실에는 눈곱만큼의 관심도 없다는 것을 보여 준다.

금융 회사, 즉 은행, 보험 회사, 증권 회사가 당신에게 권하는 상품은 당신에게 이익이 되는 일이 별로 없다는 것을 알아야 한다. 그 상품을 권하는 사람도 자세한 내용을 모르는 경우가 많으며 회사가 팔라고 하니까, 자기 수당이 많이 나오니까 파는 것이다. 이것이 금융 회사의 매트릭스다.

은행 창구 직원이 권하는 상품이 당신에게 이익이 될 것 같은가? 보험 회사의 보험설계사가 권하는 보험이 진정 당신 가정에 큰 이익을 줄 것 같은가? 증권 회사도 마찬가지 아닐까? 모두 회사가 권하고 자기에게 수당이 많이 생기는 상품을 권하는 것뿐이다.

아무리 많은 돈을 납입한다 해도 나중에 당신이 받는 금액은 물가상승률과 비교했을 때 너무나도 적을 수밖에 없는 상품을 보험설계사나 은행, 증권 회사의 창구 직원을 통해서 가입하는 구조라는 것을 알아야 한다.

금융 회사의 매트릭스에서 벗어나는 것만으로도 당신의 돈을 지킬 수 있다. 아는 것이 힘이요, 모르면 항상 당한다는 사실을 잊지 마라.

당신 주변의 모든 것은
당신을 위한 게 아니다

당신 주변의 모든 것은 절대 당신을 위한 것이 아니다.

우선 정부는 어떤가? 정부가 그저 당신만 위해 줄 것 같은 가? 아니다, 정부도 거대한 회사라 할 수 있다. 세금을 걷어서 나라를 운영한다. 당신에게 세금을 더 걷는 게 우선일 뿐 무조건 당신을 위하지 않는다. 냉정해지자. 그런 정부 조직은 있을 수 없다. 당신이 방심하는 사이 정부는 당신에게서 더 많은 세금을 수취해 간다.

증권 회사는 믿을 만할까? 증권 회사야말로 진정한 도둑 중의 도둑이라고 생각한다. 증권 회사가 고객의 돈을 얼마나 노리는지, 그 돈을 어떻게 강탈해 가는지는 강단에 설 때마다 수도 없이 설명했다. 그들은 주식 매매를 통해, 펀드 운영을 통해 당신의 돈을 강탈해 간다. 당신이 주식이나 펀드로 손해 보

았을 때 증권 회사가 당신을 위해 뭔가 해 준다는 말을 들어 본 적이 있는가?

당신의 펀드 이익금이 늘어나면 늘어날수록 수수료는 기하급수적으로 높아지고, 혹시나 당신이 손해를 봤다 하더라도 수수료는 계속 떼어 간다. 그게 증권 회사의 생리다. 고객의 이익을 위하여 만든 펀드라고 광고하는 걸 보면 화가 치밀어서 참을 수가 없다.

과연 보험 회사는 괜찮을까? 보험 회사도 증권 회사에 맞먹을 정도로 도둑 중의 도둑이다. 아무것도 모르고 덜컥 가입했다가 나중에 정말 크게 후회하는 보험 상품이 상당히 많다. 요즘은 금리형 저축 상품을 주력으로 판매하면서 회사의 이익을 최대한 극대화하기 위해 고객의 돈을 강탈하려고 갖은 노력을 다한다. 조금만 생각해 봐도 안다. 고객이 위기에 처했을 때 적극적으로 보험금을 지급하려고 노력하는 보험 회사가 얼마나 있단 말인가?

은행은 어떨까? 은행도 당신 돈을 가지고 막대한 이익을 얻는 데만 혈안이 될 뿐 당신의 돈을 더 불려 줄 생각이 없다. 그들은 당신이 맡긴 돈을 가지고 수십 배 뻥튀기 돈장사를 한다. 정작 당신에게는 물가상승률도 따라가지 못하는 앙상한 이자만 주면서 말이다. 반대로 당신이 은행에서 돈을 빌렸는데 혹시나 경기가 안 좋아지면 당신 사정은 조금도 봐주지 않고 무조건 대출금을 회수해 가는 아주 악독한 자들이다. 은행이 당신의 친구라고? 그런 순진무구한 소리는 하지 마라. 은행에 경매를 당해 본 사람은 그런 말 들으면 욕부터 한다.

절대 이들의 말을 믿지 마라. 이들이 정말 당신을 위해 존재하는 것 같은가? 다시 말하지만 이들은 당신의 돈을 탐내는 맹수다. 이들에게 절대 이용당하지 마라. 대신 당신의 힘으로 이들을 이용해야 한다. 보험설계사와 재무설계사의 말을 무조건 믿지 말고, 은행 피비의 말을 믿지 말고, 증권 회사 직원의 말을 믿지 마라. 이들은 오늘도 당신의 돈 냄새를 맡고 침을 질질 흘리는 늑대와 같다.

왕초보도 100% 성공하는

부동산 투자
100문 100답

Part 02 | 부동산

부동산 투자를 꼭 해야 하는가?

당신은 부자가 되고 싶은가? 정말로 부자가 되어서 인생을 자유롭고 풍요롭게 살고 싶은가? 그렇다면 부동산에 투자해야 한다. 부동산에 투자해야만 부자가 될 수 있다.

지금 우리가 살아가는 자본주의 사회에서 부동산에 투자하지 않고도 부자가 된다고 생각할 수 있을까?

물론 주식 투자만이 부자가 되는 길이라고 주장하는 사람도 있다. 금융 상품에 가입해야 부자가 된다고 말하는 사람도 있다. 나는 지금까지 재무설계사로 일하고 있지만, 주식 투자나 금융 상품이 부자로 만들어 준다는 주장에 적극 반대한다.

솔직히 당신 주변에서 주식 투자로 큰 부자가 된 사람을 얼마나 보았는가? 아마 거의 보지 못했을 것이다. 나는 지금까지 딱 한 명 만났다. 하지만 그 사람이 지금 어디에서 뭘 하는지

73

알 수가 없다. 연락이 되지 않는다.

게다가 우리 같은 보통 사람은 워런 버핏 같은 재능을 가지고 태어나지 못했다. 워런 버핏처럼 가치 투자를 해야 한다고 말하는 주식 안내서는 많지만, 과연 실전에서 적용할 수 있는지는 다시 한 번 잘 생각해 볼 필요가 있다.

보험설계사나 재무설계사는 특정 금융 상품을 소개하며 가입만 하면 나중에 큰 부자가 된다고 주장하지만 정말 책임질 수 있는 말일까?

금융 상품에 가입해서 나중에 받는 돈이 부자가 될 만큼 큰 금액일까? 당신이 부자가 될 만큼 큰 금액을 지급하는 금융 상품은 없다고 봐도 된다. 물가상승률을 감안하면 오히려 돈의 가치가 크게 떨어지는 금융 상품도 상당히 많다. 그런데도 금융 상품이나 연금에 가입하라고 유혹하는 설계사가 정말 많다.

펀드만 해도 증권 회사에서는 나중에 아주 큰 수익을 안겨 줄 것처럼 광고하지만 실제로 펀드를 통해 큰 이익을 본 사람이 얼마나 될지 의심스럽다. 주가 상황에 따라 펀드의 수익이 결정되는 구조에서 아무리 적립식으로 투자한들 그게 정말 안정적이라고 보장할 수 있을까?

요즘처럼 세계 경제 환경이 극도로 좋지 않을 때 펀드에 투자해서 얼마나 큰 수익을 낼 거라고 생각하는가?

나는 2008년 펀드에 투자했다가 큰 손실을 입어 본 사람으로서 당신에게 펀드를 권하기는 정말 어렵다. 위험성이 큰 펀드를 통해 부자가 될 수 있을까? 당신이 부자가 될 확률은 거의 없고 대신 펀드를 만든 증권 회사만 배를 불리는 결과를 가져올 거라고 생각한다.

그렇다면 부동산은 어떨까? 물론 모든 부동산이 좋은 것은 아니다. 절대로 투자하지 말아야 하는 부동산도 있고, 쓰레기보다 못한 부동산도 있다. 당연히 이런 부동산은 투자하면 안 된다.

하지만 제대로 된 부동산(내가 이 책을 통해 투자 방법을 알려 주는 부동산), 즉 우리가 투자해야 하는 전망 있는 부동산은 시간이 지남에 따라 그 가치가 더욱 올라가고, 물가 상승과 함께 가격이 오르고, 어느 날 갑자기 가격이 폭발하기도 한다. 그렇게 당신을 부자의 길로 인도할 뿐 아니라 부자가 되는 속도까지 아주 빠르게 만들어 주는 보물 같은 존재다.

부동산 투자는 끝났다고 말하는 사람도 있는데, 부동산에 대해 제대로 모르고 하는 소리다. 투자하면 안 되는 부동산이 있는 반면, 꼭 투자해야 하는 보물 같은 부동산이 존재하기 마련이다.

당신은 바로 이런 부동산에 투자해야 한다. 그 부동산은 절대 당신을 배신하지 않는다. 시간이 지남에 따라 당신을 거대한 부자로 만들어서 시간의 자유를 제공하고, 이보다 더 중요한 경제의 자유를 안겨 줄 것이다.

부동산 투자를 꼭 해야 하는 거냐고 묻는다면 가차 없이 그

렇다고 대답할 것이다. 반드시 투자해야만 하는 필수 재테크라고 말이다.

　부자가 되고 싶을 때만 부동산 투자를 하는 거냐고? 아니다. 지금의 경제 상황을 계속 유지하기 위해서라도 반드시 부동산 투자를 해야 한다.

019

땅에 투자하는 것은 어떨까?

땅 투자는 좋은 것일까? 예전에는 땅값이 오르면서 갑자기 부자가 된 사람이 많았다. 재개발을 하거나 도로가 뚫리면서 땅값이 급등하여 부자가 된 사람들 이야기는 들어 봤을 것이다. 지금도 땅에 투자하면 부자가 될 수 있을까? 땅 투자를 권하는 인터넷 카페도 있긴 하다.

나는 반대한다. 땅은 한 번 가격이 오르면 우리가 생각하기 힘든 액수로 크게 오르는 게 사실이다. 당연히 땅에 투자하는 것이 최고라고 생각할 수 있다.

하지만 땅은 도대체 언제 오를지 아무도 모른다. 신도 모른다. 내년에 오를지, 5년 뒤에 오를지, 10년 뒤에 오를지, 아들 세대에 오를지, 손주 세대에 오를지 어느 누구도 모른다. 언제 오를지 모르는 땅에 나의 소중한 돈을 묻어 두고 싶은가?

10여 년이 지나도 땅값이 제자리라면 내 목돈은 계속 묶이고 만다는 계산이 나온다. 돈이 오랜 시간 묶이는 것은 올바른 투자가 아니다.

시간이 지나면서 돈이 구르고 또 구르게 만들어야지 계속 묶여서 썩어 간다면 잘못된 투자다. 내 돈이 계속 굴러서 나에게 끊임없이 수익을 만들어 주고 내 호주머니에 계속 현금을 만들어 주는 투자가 좋은 투자인 것이다.

그런데 수년 또는 수십 년 동안 그저 오르기를 바라면서 기다리기만 하라고? 그게 정말 당신이 바라는 투자 방법인가?

땅 투자는 돈 많은 사람이나 하라고 하자. 우리 같은 샐러리맨이나 서민이 할 만한 투자 방법이 절대 아니다. 물론 땅에만 투자하는 사람도 있는데, 전부 돈이 많은 경우다.

우리는 소액으로 큰 부자가 되고자 하는 사람들이니 땅 투자는 나중에 부자가 되고 나서 해도 늦지 않을 것이다.

020

빌라, 다세대, 원룸 투자는 어떨까?

1990년대와 2000년대 초반만 해도 경매를 통해 빌라나 원룸 주택을 사는 게 인기였다. 나도 경매에 관심이 많아서 서울과 수도권의 빌라나 원룸 주택이 경매로 나오면 현장에 직접 가 보곤 했다.

하지만 지금은 빌라가 아파트보다 인기가 좋지 못하다. 경매를 통한 빌라 투자도 인기가 많이 식었다.

빌라에 사는 사람들은 아파트 거주자에 비해 생활 수준이 낮은 편이다. 월세를 미루는 일도 많고 집 관리도 잘되지 않는 경우가 많다. 또한 요즘은 은퇴 후 노후 준비 차원에서 빌라를 신축하여 투자하는 사람도 많다. 돌아다니다 보면 좁은 땅에 빌라를 지어 대는 광경을 심심치 않게 볼 것이다.

빌라가 정말 큰 수익을 낼 거라고 생각하는가? 어떤 분야든

Part 02
부동산

공급이 급속도로 많아지면 투자 수익을 내기 힘들다. 나도 지방을 돌아다니다 빌라가 신축되는 것을 보고 놀라지 않을 수 없었다. 정말 너무도 많이 짓는다. 공급은 많은데 찾는 사람이 별로 없다 보니 빌라 분양을 따로 전담하는 팀이 생겨서 한 채 한 채 분양할 때마다 엄청난 수수료를 받아 가는 것도 알아 둘 필요가 있다.

또한 빌라나 원룸 주택은 주변의 편의 시설과 상관없이 빈 땅에 짓는 경우가 많아서 생활편의성이 좋다고 하기 힘들다. 그만큼 인기가 낮을 수밖에 없다. 반면 아파트는 생활하기 편하고 편의 시설과 학원이 많고 교통이 좋고 주변에 학교가 있는 지역에 들어선다.

시중에 빌라에 투자하라는 책이 여러 권 있지만 독자들에게 정말 도움이 될까 싶은 우려가 크다. 나는 빌라나 원룸은 투자하지 말라고 주장한다.

1990년대 초반부터 2000년대 중반까지만 해도 빌라와 다세대주택은 최고의 투자 수단이었다. 빌라를 사서 아파트 재개발을 노릴 수도 있고, 세입자를 들여서 임대 수익을 얻을 수도 있기에 투자했던 것이다. 다세대주택의 경우 경매를 통해 구입한 뒤 기존 세입자를 더 살게 하든지, 아니면 다시 전세로 임대했다. 큰돈이 없어도 전세를 안고 집을 샀다가 나중에 집값이 올랐을 때 팔아서 이익을 남기는 식이었다.

하지만 지금 빌라와 다세대주택에 투자하는 건 권하기 힘들다. 빌라나 다세대주택에 사는 사람들은 아파트 거주자보다 생활 수준이 낮은 편이다. 생활 수준이 낮다 보니 월세를 제때 내지 못해서 집주인을 애태우는 일이 의외로 많다. 또한 빌라나 다세대주택의 가격이 예전처럼 잘 오르는 시대도 아닐뿐더러 빌라와 다세대주택은 환금성이 낮기 때문에 사려는 사람이 많지 않은 게 현실이다. 이런 상황에서 빌라와 다세대주택에 투자하겠다고?

투자는 뭐니 뭐니 해도 환금성이 중요하다. 빌라와 다세대주택 수백 채를 가지고 있으면 뭐 하겠는가? 팔고 싶을 때 팔 수가 없고 돈이 필요할 때 돈으로 바꾸지 못한다면 올바른 투자라고 할 수 있겠는가?

요즘은 빈 땅에 원룸 주택이 새로 생겨난 것을 쉽게 본다. 은퇴한 사람들이 퇴직금과 대출을 통해서 노후 준비용으로 원룸 주택을 많이 짓는다고 한다. 물론 원룸 주택이 큰 산업단지 옆이거나 시내 중심가라면 별걱정 없겠지만, 일반적인 원룸 주택은 빈 땅만 있으면 여기저기 짓기 때문에 공급량이 대단하다.

결국 시간이 지날수록 원룸 주택이 노후되면서 새로운 원룸 주택이 우후죽순처럼 들어설 것이다. 원룸 주택은 헌집과 새집의 임대료 차이가 별로 크지 않기 때문에 시간이 지나면 세입자가 새집으로 옮겨 가게 되어 있다. 기존의 원룸 주택은 세입자를 구하는 일이 점점 어려워지는 것이다. 공실이 생길 가능성이 큰 데다 노후되어 여기저기 손볼 곳이 생기기 때문에 집

주인의 스트레스가 만만치 않다.

요즘 새로 짓는 원룸 주택을 보면 한숨부터 나온다. 집주인에게 큰 수익을 보장해 주는 게 아닐 수도 있다는 생각, 어쩌면 손해가 클 수도 있다는 생각, 저 원룸 주택을 짓기 위해 수십 년 동안 얼마나 고생하며 돈을 모았을까 하는 생각…….

빌라, 다세대, 원룸 주택은 투자 대상으로 적합하지 않다.

상가 투자는 어떨까?

거리를 지나다 보면 수많은 상가를 만난다. 그때마다 저런 건물의 주인이 되어서 매월 임대료를 받는다면 얼마나 좋을까 하고 생각해 봤을 것이다.

맞다! 상가를 소유하면 매월 임대료를 받아서 생활할 수 있을 것이다. 이 얼마나 좋은 일인가? 내 몸을 움직여서 힘들게 돈을 벌지 않아도 매달 꼬박꼬박 통장에 돈이 들어온다니. 연예인이나 돈 있는 사람들이 상가 투자에 집중하는 이유가 있는 것이다.

하지만 주의할 점이 있다.

먼저 상가를 소유하려면 상당히 큰 금액을 투자해야 한다. 몇 억 원은 기본이다. 일반 서민이 몇 억 원을 모은다는 게 만만치 않다. 보통은 한 달에 100만 원 저축하기도 쉽지 않다.

그래도 아끼고 아껴서 100만 원씩 저축한다고 치자. 1년이면 1200만 원이고 10년이 지나야 1억 2000만 원이다. 20년은 지나야 간신히 작은 상가 하나 구입할 수 있다는 결론이 나온다. 상가 하나 만들자고 언제까지 그렇게 기다려야 한단 말인가?

다음은 입지를 봐야 한다. 위치가 가장 중요하다는 말이다. 위치에 따라 임대료도 크게 차이 난다. 위치가 좋지 않을 경우 공실의 위험성에 직면할 수밖에 없는 것이다.

실제로 상가에 투자해서 큰 손실을 봤다는 사람도 있고, 상가에 투자했다가 권리금 한 푼 못 받고 다시 팔았다는 사람도 있다. 그만큼 상가 투자는 쉽지 않다. 나도 상가 투자가 두렵다. 아직 상가 입지를 완벽하게 판단할 능력이 부족하기 때문이다.

그렇다면 상가 투자를 하지 말라는 것인가? 아니다, 그렇지 않다. 정말 좋은 위치에 자리 잡은 상가를 갖고 싶다는 꿈을 왜 접어야 한단 말인가? 대신 이렇게 하자. 이 책에서 설명하겠지만 돈을 열심히 모아서 상가에 투자할 게 아니라 1000만 원씩, 2000만 원씩 돈이 모이는 대로 소형 아파트에 투자하는 것이다. 우리 투자 조건에 맞는 소형 아파트를 계속 사 모으라는 말이다. 쇼핑하듯이 소형 아파트를 계속 구입하는 것이다. 10년 정도 지나면 당신이 투자한 소형 아파트가 상가를 선물해 준다. 다시 말하지만 10년 후엔 돈 한 푼 안 들여도 소형 아파트들이 상가를 선물해 준다. 아직은 무슨 말인지 이해하기 힘들겠지만, 이 책을 끝까지 읽어 보면 고개를 끄덕일 것이다.

오랜 세월 돈을 모아서 상가 한 채를 살 게 아니라 1000만 원, 2000만 원 모아서 소형 아파트를 사 두면 10년 후 여러 채의 상가와 수많은 현금을 얻을 수 있다.

똑같이 돈을 모으는데 시간이 지났을 때 상가 한 채만 갖는 게 좋겠는가, 아니면 아파트 수십 채와 상가 몇 채를 갖는 게 좋겠는가? 아는 것이 힘이요, 모르면 당하는 법이다.

022

역시 아파트가 최고의 투자인가?

아파트 투자는 빌라나 원룸 주택 또는 상가 투자처럼 어렵지 않다. 인터넷으로 가격이 공개된 데다 환금성이 좋아서 많은 사람이 쉽게 접근할 만한 투자 수단이라고 생각한다.

나도 10여 년간 부동산 투자에 대해 많은 경험을 해 봤는데 가장 좋은 투자는 역시 아파트라고 믿는다. 땅에 투자했다가 그 큰돈이 수년 또는 수십 년 동안 묶여 있는 게 좋아 보이는가? 빌라나 원룸 주택을 샀는데 잘 팔리지도 않고, 공실이 생기고, 여기저기 고장 나서 집주인이 계속 스트레스를 받아야 한다면 정말 좋은 투자일까?

아파트는 중소형의 경우 공실이 생길 위험은 거의 없다. 손볼 곳이 생기면 관리사무소에 연락해서 바로 수리할 수 있다. 아파트는 관리 측면에서도 다른 부동산보다 장점이 많다. 또

한 세입자가 갑자기 나가야 한다고 해도 주변의 공인중개사에게 부탁하면 새로운 세입자를 쉽게 구할 수 있어서 공실의 위험이 적다.

게다가 거품이 많이 낀 아파트가 아니라 정상적인 아파트는 시간이 지남에 따라 가치가 올라가게 되어 있고, 물가 상승에 맞춰 아파트 가격도 비례하거나 폭발적으로 올라가게 되어 있으니 얼마나 좋은가? 그래서 아파트만큼 좋은 부동산 투자는 없다고 생각한다.

물론 아무 아파트나 좋다고 이야기하는 것은 아니다. 우선 투자 조건에 맞아야 하고, 수요가 많아야 하고, 주변에 거대한 산업 단지 또는 직장군이 있어야 한다. 이러한 아파트 투자 조건은 잠시 후에 이야기하기로 하자.

Part 02
부동산

023

중대형 아파트인가,
중소형 아파트인가?

대부분의 사람들이 부동산에 투자한다고 하면 아파트 투자를 말한다. 맞다, 대한민국처럼 아파트에 애착과 관심이 많은 나라가 또 어디 있을까?

과연 모든 아파트 투자가 좋은 것일까? 그렇지 않을 것이다. 아파트 투자도 좋은 방법이 있고 나쁜 방법이 있지 않겠는가?

먼저 아파트는 중대형 아파트와 소형 아파트로 나눌 수 있다. 시간이 갈수록 중대형 아파트와 소형 아파트 중 어느 쪽이 인기가 높아지겠는가?

여기서 요즘 세태에 대해 생각해 보자.

1. 결혼하지 않으려는 젊은이가 많다.
2. 결혼해도 아이를 한 명만 낳는다.

3. 결혼했는데 50퍼센트 가까이 이혼을 생각한다.

4. 주변에 노인이 아주 많다.

시간이 가면 갈수록 1-2인 가구가 증가할 수밖에 없는 것이다. 그들이 중대형 아파트에 살겠는가, 아니면 소형 아파트에 살겠는가?

돈이 아주 많다면 혼자 살아도 한강이 보이는 큰 아파트를 선택하겠지만, 보통은 매월 나가는 관리비며 대출 이자 등을 생각하여 소형 아파트에 거주할 수밖에 없다.

그렇다면 건설 회사의 입장을 보자.

건설 회사는 아파트를 지을 때 40평형을 파는 게 이익이겠는가, 아니면 40평을 두 개로 쪼개서 20평형 두 채를 파는 게 이익이겠는가?

실제로 20평 아파트를 지으려면 40평보다 훨씬 넓은 터를 닦아야 하고, 그 터를 쪼개기 위해 벽을 더 만들어야 하기 때문에 건축비가 늘어난다. 또한 중대형 아파트는 분양가를 크게 올려서 팔 수 있지만 소형 아파트는 서민을 겨냥하기 때문에 분양가를 무턱대고 올리지도 못한다.

결과적으로 건설 회사 입장에서 보면 중소형 아파트는 공사비도 많이 드는 데다 분양가도 높일 수 없어 이익이 크지 않으니 중대형 아파트를 분양하는 게 훨씬 이익이다. 실제로 요즘 새로 짓는 아파트는 30평대 이상이 대부분이다. 건설 회사의

이익 구조를 고려한 결과다. 건설 회사의 존재 목적은 주거 안정이 아니라 이익 실현이기 때문이다. 분양가도 낮은데 공사비까지 많이 드는 소형 아파트를 적극적으로 짓고 분양할 회사가 어디 있겠는가?

또 한 가지 우리가 관심을 가져야 하는 점이 있다. 다들 아는 사실이지만, 한국토지주택공사(LH공사)는 소형 아파트를 지어서 서민들에게 분양하라고 만든 공기업이다. 하지만 현재 한국토지주택공사의 부채는 우리의 상상 이상이고, 이로 인해 한국토지주택공사의 소형 아파트 건축 계획이 많이 취소된 상태라고 한다. 앞으로 한국토지주택공사가 수익도 내지 못하는 소형 아파트를 무턱대고 지을 것 같은가? 쉽지 않을 것이다.

값비싼 중대형 아파트는 계속 늘어나지만 수요는 시간이 갈수록 떨어질 수밖에 없다. 반면 저렴한 소형 아파트는 끊임없는 수요층으로 인해 가격이 오를 확률이 높고 투자를 하기에도 제격이다.

우리는 서민들이 쉽게 접근할 수 있는 소형 아파트에 투자 초점을 맞추어야 한다는 점을 명심하자.

024

대형 아파트는 무덤이다

앞에서 말한 것처럼 시간이 지날수록 소형 아파트 수요가 급증할 수밖에 없다. 그렇다면 중대형 아파트, 특히 40평대 이상의 대형 아파트는 투자의 무덤이 된다는 말일까?

맞다, 솔직히 그렇다. 대형 아파트는 가격이 굉장히 비싸다. 보통 사람은 감히 접근하기도 힘든 높은 금액에 분양한다. 그런데 시간이 지날수록 가족 수가 줄어드는 추세라 대형 아파트는 수요가 줄어들 수밖에 없다. 이런 상황에서 대형 아파트가 지금의 가격을 계속 유지할 수 있다고 생각하는가? 난 솔직히 회의적이다. 절대 그럴 수 없다고 생각한다.

소형 아파트는 매매 가격이 계속 오르고 전세가가 오를 수 있어도 대형 아파트는 매매가가 오르는 데 어려움이 많을 수밖에 없다. 어쩌면 대부분의 대형 아파트가 가격 조정을 받거나 떨어질 것이다.

그런데 아직도 부동산 브로커나 아파트 분양사무소 직원들은 대형 아파트가 유망하다고 주장한다. 도대체 어떤 사고를 하기에 이런 말을 하는 것일까 싶다. 대형 아파트를 판매해야 수수료를 많이 받기 때문에 다른 선량한 사람들에게 대형 아파트를 사라고 권하는 게 아닐까 싶다.

당신에게 간절히 부탁하고 싶다. 이런 사람들에게 속아서는 안 된다. 40평 이상의 대형 아파트는 투자 대상으로 봐서는 안 된다. 40평 이상 대형 아파트 투자는 당신을 힘들게 하는 악마 같은 존재다.

025

어떤 중소형 아파트여야 하는가?

소형 아파트라면 어떤 소형 아파트여야 하는가?

자! 이제 우리가 투자해야 하는 아파트는 무조건 소형 아파트라는 것을 알았다. 그렇다면 어떤 소형 아파트에 투자해야 한단 말인가? 그저 소형 아파트라면 무조건 투자를 해도 된다는 말인가?

사람이 태어나면 서울로 보내고 말이 태어나면 제주로 보내라는 말이 있다. 즉 서울과 수도권에 사람에 몰릴 수밖에 없으니 아파트에 투자할 거라면 이쪽을 겨냥하는 게 유리하다.

서울의 강남은 아파트 가격이 너무나 비싸니까 강북을 기준으로 생각해 보자. 강북을 기준으로 길음 뉴타운 같은 경우 현재 24평 아파트가 4억 정도 한다. 일반 서민이 매달 100만 원씩 저축한다고 했을 때 4억을 모으려면 30년 가까이 걸린다.

Part 02 부동산

말이 30년이지 당신이 지금 서른 살이라고 한다면 예순이 돼야 소형 아파트 한 채를 산다는 이야기다.

이게 올바른 투자라고 생각하는가? 물가 상승은 아예 고려하지도 않고 말하는 것이다. 아파트 한 채 사는 데 걸리는 시간이 30년이라는 말이다. 이게 무슨 투자인가? 그저 인내와의 싸움일 뿐이다.

그렇다면 서울은 너무 비싸니 수도권으로 가 보자. 수원 영통의 경우 24평 아파트가 대략 2억 5000만 원 정도 한다. 매달 100만 원씩 저축했을 때 17년 정도 걸린다. 참으로 긴 시간이다. 이 또한 좋은 투자 방법이 아니다.

아파트 투자는 이렇게 하는 것이 아니다. 아파트 투자가 다른 투자에 비해 좋은 이유는 바로 이런 아파트를 전세를 끼고 살 수 있고, 그럼으로써 나의 투자 금액이 훨씬 줄어들기 때문이다.

현재 서울과 수도권의 평균 전세가 비율이 매매가 대비 70퍼센트라고 한다. 그렇다면 4억 아파트의 전세가는 2억 8000만 원이다. 전세를 끼고 아파트를 산다면 1억 2000만 원만 있으면 된다. 1억 2000만 원은 매달 100만 원씩 저축할 경우 9년 정도 걸린다.

수도권도 매매가 2억 5000만 원짜리 아파트의 전세가는 1억 7500만 원이다. 전세를 끼고 산다면 7500만 원만 준비하면 된다. 매달 100만 원씩 6년 동안 모을 수 있는 돈이다.

이게 좋은 투자라고 생각하는가? 30년 걸려서 살 수 있는 서울의 아파트가 전세를 끼면 9년이 걸리고, 17년 걸려서 살 수 있는 수도권의 아파트가 전세를 끼면 6년 걸리는데 이게 정말 좋은 투자인 걸까? 결코 아니다.

아파트 한 채 사는 데 6년 또는 9년이 걸린다는 것도 좋은 투자가 아니라고 생각한다. 단기간에 한 채씩 한 채씩 사는 재미가 있어야 하고, 그 한 채마다 매년 또는 매월 수익이 발생하는 재미가 있어야 투자하지 않겠는가? 내 주머니에 매년 또는 매월 현금이 들어오는 재미 말이다. 오랜 시간 힘들게 모아서 한 채씩 사 봤자 부동산에 투자하는 재미도 없고 아파트를 통한 수익도 기대하기 힘들다.

이게 무슨 올바른 부동산 투자인가? 자본과 시간이 많이 들어가야 하는 아파트는 좋은 투자 대상이 아니다. 게다가 이제는 서울과 수도권의 아파트 가격이 크게 오를 확률도 낮다.

그렇다면 우리는 어떤 소형 아파트 또는 어느 지역의 소형 아파트에 투자해야 할까? 바로 이 점이 투자할 때 가장 중요한 사항이다.

이제부터 설명하는 내용을 눈여겨보기 바란다.

026

산업 단지와 직장군이
정말 중요한가?

다시 강조하건대 소형 아파트에 투자할 때 수도권의 비싼 아파트 그리고 매매가와 전세가의 차이가 큰 아파트는 피해야 한다. 그렇다면 우리는 어디에 투자해야 한단 말인가?

서울과 수도권의 소형 아파트에 투자하고 싶은데 금액이 너무 크다면 지방으로 시선을 돌려라. 대한민국은 서울과 수도권에 모든 시설이 과도하게 밀집되어 있다. 정부에서 수많은 기관과 정부 단체, 기업을 지방으로 이전시키려 하는 이유다.

하지만 아무 도시나 골라서 분산시킬 수는 없다. 국가의 미래를 좌지우지하는 계획인데 아무 도시나 골라서 분산시키겠는가?

우선 거대한 산업 단지를 낀 지방 도시를 중심에 둔다. 거대한 산업 단지를 낀 도시에 서울과 수도권의 시설 및 기업을 분산시키면 기존의 산업 도시에서 발생되는 경제적 파생 효과에 더 큰 효과를 기대할 수 있기 때문이다.

우리는 이런 도시에 관심을 가질 필요가 있다. 이 도시의 중소형 아파트 단지를 관심 있게 지켜보다가 매매가와 전세가의 차이가 극히 작은 아파트를 검색해서 투자하면 된다. 바로 이런 아파트가 당신에게 엄청난 보물이 된다는 사실을 알아야 한다.

지방 도시에서도 직장군이 몰려 있는 지역이 더욱 보물이다. 다시 말하면 거대한 산업 단지가 존재하는 지방 도시, 그중에서도 직장군이 몰려 있는 지역의 소형 아파트 단지, 그 아파트 단지에서 매매가와 전세가의 차이가 극히 작은 아파트를 노려야 한다. 그 아파트가 당신의 인생을 180도 바꾸어 줄 보물 중의 보물이다.

부동산은 첫 번째도 입지이고 두 번째도 입지다.

수도권 아파트는
투자 대상이 아닌가?

    수도권 아파트라고 왜 투자 대상이 아니겠는가?

    수도권은 대형 직장군과 함께하기 때문에 지리 조건은 충분히 갖추었다고 봐도 된다. 하지만 매매가와 전세가의 차이가 크다는 점이 문제가 된다. 솔직히 수도권에서 매매가와 전세가의 차이가 85퍼센트를 넘는 곳이 있다면 매력적인 투자 대상이라 할 수 있다. 다만 전세가가 폭등하거나 매매가가 떨어져서 매매가 대비 전세가의 차이가 작아졌다면 이런 아파트는 절대로 투자해서는 안 된다.

    매매가가 물가상승률만큼 계속 오르면서 전세가도 같이 오른 아파트, 동시에 매매가와 전세가의 차이가 항상 작은 아파트가 바로 수도권의 투자 대상임을 알아야 한다. 서울과 수도권에 이런 아파트가 있다면 지방 그 어느 아파트보다 매력적인 투자 대상일 것이다.

서울과 수도권의 아파트가 지방의 아파트보다 전세가가 오르는 힘이 더 센 건 사실이다. 서울과 수도권의 소형 아파트 중 매매가와 전세가의 차이가 아주 작은 아파트가 있다면 적극적으로 투자해야 한다고 생각한다.

028

소형 오피스텔은 어떤가?

오피스텔은 임대 수익을 목적으로 지은 부동산이다. 그렇기에 오피스텔의 매매가는 잘 오르지 않는다는 말들이 있다. 과연 사실일까? 직접 투자하지 않고 신문이나 뉴스를 통해 정보를 얻는 사람들은 오피스텔은 가격이 오르지 않는 줄 안다. 그저 월세나 받는 부동산 정도로 생각한다. 바로 그런 생각 때문에 나 같은 부동산꾼들이 돈을 버는 것이다.

솔직히 지방의 오피스텔은 쳐다볼 필요도 없다. 외관이 화려하고 인테리어가 최신식이고 시내 한복판에 위치한다 해도 지방의 오피스텔은 투자 대상이 아니다. 지방의 오피스텔은 매매가가 거의 오르지 않을뿐더러 임대 수익도 크지 않고 공실이 생기는 경우도 많다. 거대한 산업 단지가 있다고 해도 지방의 오피스텔에 투자하라는 말은 못 하겠다.

하지만 서울과 수도권의 오피스텔은 다르다. 서울과 수도권의 오피스텔은 직장인, 1인 가구, 자녀를 하나만 둔 기혼자에게 인기가 높다. 서울과 수도권의 오피스텔은 대부분 교통이 좋은 지역에 들어서기 때문에 직장인들에게 인기가 좋을 수밖에 없다.

그렇다면 오피스텔을 사서 월세를 받고 임대하면 되는 것인가? 아니다, 아무 오피스텔이나 투자하라는 말이 아니다. 서울과 수도권에서 매매가와 전세가의 차이가 극히 작은 오피스텔을 찾아보라. 그런 오피스텔이 보물이다.

강남의 오피스텔이 보물일 거 같은가? 아니다, 강남의 그 비싼 오피스텔은 당신을 더욱 가난하게 만들 뿐이다. 오피스텔이 워낙 비싸서 투입해야 하는 금액이 장난이 아닐 테고, 당연히 투자 대비 수익이 극히 작을 수밖에 없다.

오피스텔이 강남에만 있는 것도 아니요, 서울에만 있는 것도 아니다. 수도권을 잘 검색해 보면 매매가 대비 전세가가 85퍼센트 이상인 오피스텔이 아주 많다. 이런 오피스텔을 구입해서 전세 임대를 하는 것이다. 당신은 매년 전세가 상승에 따른 수익을 얻을 수 있다.

다시 말하지만 지방의 오피스텔은 투자 대상이 아니다. 서울의 비싼 오피스텔에 투자해서도 안 된다. 대신 서울과 수도권에서 매매가와 전세가의 차이가 극히 작은 오피스텔을 찾아라. 그 오피스텔이 당신에게 큰 이익을 가져다줄 것이다.

Part 02
부동산

029

아파트에 투자할 때
가장 중요한 조건은?

우리 같은 보통 사람이 아파트에 투자할 때 가장 고려해야 할 조건이 뭐라고 생각하는가?

그 아파트가 위치한 입지 조건? 그 지역에 학교가 얼마나 많은가? 교통은 얼마나 좋은가? 미래에 무슨 호재가 존재하는가? 아니면 그 지역 근처에 산업 단지가 있는가?

이런 사항들이 부동산, 즉 아파트에 투자할 때 가장 고려해야 하는 조건이라고 생각할 수도 있다. 부동산 투자 안내 서적을 읽어 보면 이런 사항들을 검토하라고 말한다.

하지만 가장 중요한 것은 매매가와 전세가의 비율이라고 생각한다. 매매가와 전세가의 비율이 85퍼센트를 넘는 아파트는 보물 중에서도 최고의 보물이다. 단, 갑작스럽게 전세가가 매매가의 85퍼센트를 넘는 아파트는 투자 대상이 되지 않는다.

앞에서 설명했듯이 단기간에 전세가가 폭등해서 85퍼센트를 넘었다든가, 아니면 매매가가 갑자기 떨어져서 전세가 비율이 85퍼센트가 된 아파트는 당장 투자하지 말고 좀 더 검토해 봐야 한다.

매매가와 전세가의 비율이 수년 동안 85퍼센트 이상을 유지해 온 소형 아파트 또는 수도권의 소형 오피스텔이 투자 1순위라는 점을 절대 잊지 마라.

030
·····

아파트 가격은 계속 오를까?

아파트 가격은 계속 오를 수밖에 없다고 말하는 사람들이 있다. 난 그렇게 보지 않는다. 같은 맥락에서 주가는 시간이 가면 갈수록 계속 우상향으로 오를 수밖에 없다고 말하는 사람은 사기꾼이라고 생각한다. 주가가 계속 오를지 내릴지 누가 안단 말인가? 주식은 하느님도 어떻게 될지 모른다고 하지 않는가?

아파트 가격이란 게 오를 아파트는 오를 수밖에 없고 떨어질 아파트는 떨어질 수밖에 없는 것이다. 안 그런가? 우리는 떨어지지 않고 계속 오를 아파트를 찾아서 투자하면 되는 것이다.

예를 들어 보자. 강남에 매매가 15억에 전세가 8억 원 정도 하는 아파트가 있다고 하자. 이런 아파트는 매매가와 전세가가 어떻게 형성될 것 같은가? 매매가 대비 일반인의 수요가 많다고 생각하는가?

매매가 대비 전세가 비율이 53퍼센트다. 이 정도 비율이라면 매매가 대비 인기나 수요가 별로 크지 않다는 말이다. 그렇다면 이 아파트는 매매가와 전세가 사이에 거품이 많이 끼어 있는 것이다. 매매가가 내리거나 계속 그 가격에 머물 수밖에 없다. 이런 아파트는 인기가 많지 않기 때문에 전세가가 오르는 속도도 느릴 것이다.

반면 매매가 2억에 전세가 1억 8000만 원 정도 되는 소형 아파트가 있다고 하자. 이런 소형 아파트는 매매가 대비 전세가가 90퍼센트다. 솔직히 전세가가 90퍼센트에 이른다는 것은 존재하기 힘든 가격이라고 봐야 한다. 어떻게 이런 가격이 존재한단 말인가? 하지만 이런 전세가가 존재한다면 일반인의 수요와 인기가 정말 대단하다는 증거다. 이런 아파트는 전세가가 오르면서 매매가를 올리기 마련이다.

결론적으로 전세 수요가 많지 않은 아파트는 매매가가 떨어지기 쉽고, 전세 수요가 많은 아파트는 매매가가 계속 오를 것이다.

031

전세가는 계속 오를까?

대한민국의 아파트 전세가가 어떻게 될 것 같은가? 계속 오를 거라고 보는가, 아니면 계속 오르다가 어느 시점에서 하락할 거라고 생각하는가? 아파트에 투자할 때 이 점을 제대로 아는 게 가장 중요하다고 생각한다.

이 글을 읽는 당신이 몇 살인지 모르겠으나 지금까지 살아오면서 물가가 한 번이라도 내린 것을 본 적이 있는가? IMF 외환 위기 때를 제외하고 한 번이라도 물가가 내린 걸 경험해 보았는가? 아마 없을 것이다. 물가는 계속 오른다. 당신이 죽어서 땅속에 묻힐 때까지 물가는 끊임없이 오를 수밖에 없다.

물가는 누가 올리는 것일까? 바로 정부에서 올린다. 정부가 만든 한국은행에서 매년 물가를 올린다.

정부는 왜 물가를 계속 올릴까? 참 이상하지 않은가? 물가가 오르면 국민이 살아가기 힘든데 말이다. 결론을 이야기하면 물가가 떨어지는 디플레이션에 직면하면 국가 경제에 치명타가 되기 때문이다. 전 세계 모든 정부가 어떻게 해서든 물가를 떨어뜨리지 않고 계속 올리기 위해 최선을 다하는 이유다.

그렇다면 전세가는 어떻게 될 것 같은가? 전세가는 물가가 오르는 만큼, 어쩌면 그보다 더 많이 오르게 되어 있다. 물가가 오르는 만큼 아파트 시세도 계속 오를 수밖에 없다고 말하는 사람도 있지만 이 주장에는 동의하지 않는다.

수요에 비해 가격이 매우 높은 아파트는 떨어질 수밖에 없지 않겠는가? 어떻게 아파트 시세가 무조건 오른단 말인가?

반면 전세가는 다르다. 전세가는 시장에서 가격이 형성되면 좀처럼 내려가지 않는 특징이 있다. 물론 갑자기 수천만 원 오른 아파트라면 다시 떨어질 수도 있지만, 부동산 시장에서 수요와 공급의 법칙에 의해 정해진 전세가는 웬만해선 떨어지지 않는다.

인기가 높은 아파트도 전세가가 오를 수밖에 없다.

물가가 오르면서 전세가가 오르기도 하지만, 요즘은 아파트 주인이 전세를 월세로 전환하는 경우가 많아서 전세 공급이 가파르게 줄어드는 통에 전세가가 더욱 오를 수밖에 없다.

지금까지 부동산 투자를 하면서 전세가가 떨어지는 아파트는 거의 보지 못했다. 이 점은 우리 같은 부동산 투자자에게 시사하는 바가 아주 크다는 것을 알아야 한다.

032

전세가는 그 지역의 인기를
의미하는가?

실제로 아파트의 매매가 대비 전세가 비율은 그 지역 그 아파트의 인기를 나타낸다. 그 아파트의 인기, 즉 수요를 의미하는 것이다.

아파트 두 채가 있다고 해 보자. 두 채 모두 매매가는 1억인데 전세가가 한 채는 7000만 원이고 다른 한 채는 6000만 원이다. 어느 쪽이 더 인기가 많다고 생각하는가? 대부분의 사람들은 전세가 6000만 원인 아파트가 더 인기 있다고 생각한다. 더 저렴한 아파트를 선호할 거라고 보는 것이다.

정답은 전세가가 높은 7000만 원짜리 아파트다. 더 많은 돈을 주고 그 아파트를 선택한다는 것은 그 지역이 6000만 원짜리 아파트가 있는 지역보다 학원 시설이 많다든가, 교통이 좋다든가, 상가 시설이 훌륭하다든가 하는 이점이 있는 것이다.

그렇기에 이 지역에 들어와 살고자 하는 수요가 많아서 전세가가 높아진 것이다.

만약 매매가는 1억인데 전세가가 8000만 원이라면 이 아파트의 인기는 어떻겠는가? 이런 아파트는 인기가 정말 좋은 아파트라고 할 수 있다. 사람들이 어떻게든 살고 싶어 하는 아파트인 것이다. 매매가 대비 전세가 비율이 높을수록 투자 대상으로서 아주 좋은 아파트임을 알아야 한다.

우리 같은 부동산 전문가는 어떤 지역의 아파트에 대해 어떻게 생각하느냐는 질문을 받으면 물론 주변 환경도 검토하지만 궁극적으로는 매매가 대비 전세가를 가장 중요하게 본다. 그것만 알아도 대략 어떤 아파트인지 감이 잡히기 때문이다.

Part 02 부동산

033

전세 낀 소형 아파트가 최고다

아파트 매매가가 3억에서 3억 3000만 원으로 오르면 10퍼센트 수익이지만, 3억 아파트를 전세가 2억 7000만 원을 끼고 샀다면 똑같이 3000만 원 올랐지만 투자 금액 대비 100퍼센트 수익이다.

어떤가? 똑같은 아파트인데도 실제 수익률은 열 배가 차이난다. 두세 배가 아니라 열 배다.

지금처럼 화폐가치가 떨어지는 시대에는 금이나 은에 투자하라고 강조하는 전문가도 있다. 물론 동의한다. 화폐가치가 떨어지고 물가가 크게 오를 때는 금과 은이 최고의 투자 수단이 될 수 있다.

하지만 금과 은도 전세를 낀 소형 아파트와 경쟁한다면 한참 밑이다. 금과 은을 전세 제도를 이용해서 살 수 있는가? 100퍼센트 현금을 지불하고 사야 한다. 값이 오르면 10퍼센트 또는 20퍼센트가 오를 뿐 전세 같은 레버리지 효과를 통해 더 큰 수익을 얻을 수는 없다. 전세를 끼고 사는 소형 아파트는 금과 은 같은 실물 자산이 따라올 수도 없을 만큼 거대한 힘을 발휘한다.

외국에는 전세 제도가 아예 존재하지도 않는다. 오직 한국에만 존재하는 제도다. 전 세계에서 유명한 재테크 전문가라고 해도 우리의 전세 제도에 대해 아무것도 모르니 당연히 금과 은 같은 실물 자산과 전세 제도를 비교해서 설명할 수 없는 것 아닌가?

나를 거대한 부자로 만들어 준 것도 금과 은이 아니라 전세를 끼고 산 유망한 지역의 소형 아파트다. 그 소형 아파트가 금과 은보다 수십 배 또는 수백 배의 효과와 이익을 주었다. 그저 한 번 이익을 준 것으로 끝난 게 아니라 매년 또는 2년마다 한 번씩, 그 이후에도 계속 엄청난 이익을 가져다주었다.

지금도 자기가 투자하는 분야에 함께 투자하자고 찾아오는 사람이 많다. 새로 나온 금융 상품, 외국의 투자 상품, 세금이 없는 상품, 지분 경매, 금과 은 같은 실물 등 수많은 투자 방법에 대해 설명한다. 하지만 아무리 유심히 들어 봐도 전세를 낀 소형 아파트를 이길 만한 것은 없다. 이겨도 작은 차이로 이기는 게 아니라 수십 배, 수백 배 차이로 이길 수밖에 없다는 것을 잘 아는데 다른 투자 상품에 관심이 가겠는가?

034

전세, 월세 그리고 세금

요즘 정부는 세금을 더 거두기 위해 혈안이 되었다. 모자란 세금을 더욱더 거두어들이기 위해, 그리고 서민의 세금을 더 가져가기 위해 예전에 안 하던 행동을 정말 많이 한다.

월세와 전세에 붙는 세금에 대해 생각해 보자.

집주인은 월세를 받으면 만기가 되어도 그 월세를 세입자에게 돌려주지 않는다. 월세는 매월 집주인에게 생기는 수입이다. 집주인의 자산이 되는 것이다. 정부에서 이 월세에 세금을 징수하는 것이 맞다. 나도 임대사업자로서 월세에 대한 세금을 반대하거나 거부해서는 안 된다고 생각한다. 많이 버는 만큼 많이 내는 것이 진정한 부자 아니겠는가?

반면 전세 제도를 보자. 전세 보증금은 천년만년 내가 가지고 있는 자산이 아니다. 2년에 한 번씩 세입자에게 돌려줘야 하는 돈이다. 무이자로 세입자에게 대출받는 셈이다. 나중에 세입자를 내보내고 집주인이 거주할 수도 있다. 자산이 아닌 부채 개념으로 인식할 수밖에 없는 것이다. 그런데 부채(무이자 대출)에 세금을 매기는 정부가 어디에 있단 말인가?

내가 돈을 빌렸는데 그 돈에 세금을 매긴다? 내가 은행이나 세입자에게 돈을 빌렸는데 거기에 세금을 매긴다? 이게 말이 되는가? 정부에서 전세 제도에 세금을 매기지 못하는 이유다. 이론적으로 부채에 세금을 징수한다는 게 말이 안 되기 때문이다.

전세에 세금을 매기면 국민 저항이 심할 수밖에 없다. 무엇보다 전세에 세금을 매긴 만큼 집주인이 세입자에게 전가시킬 것이기 때문에 전세 폭등이 생길 수밖에 없다. 정부도 큰 문제가 생긴다는 것을 잘 알고 있다.

게다가 전세 제도는 전 세계에서 대한민국밖에 없는 터라 외국과 비교할 수도 없다. 어떤가? 당신이 국세청장이라면 어떤 생각을 하겠는가?

정부는 대형 아파트의 전세에 대해 세금을 매기겠다고 하지만 쉽지 않을 것이다. 대형 아파트의 전세 보증금은 부채 아닌가? 그건 부채가 아니라 자산인가? 세금은 자산에 매기는 것이지 부채에 매기는 게 아니라는 사실은 유치원생도 안다. 전세에 세금을 매기기 어렵다는 이야기다. 아는 게 힘이요, 모르면 당한다. 정부에 당하고 금융 회사에 당하고 부자에게 당하고.

Part 02
부동산

035

주택임대사업자 제도를 아는가?

　지금까지 보증금이 매매가 대비 85퍼센트가 넘는 전세를 끼고 소형 아파트를 사는 것은 부자가 되는 과정이라 볼 수 있고, 다른 방법보다 훨씬 빨리 부자가 되는 길이라고 주장했다.

　그런데 한 가지 생각해 보자. 소형 아파트를 한 채 한 채 사서 수익이 늘어나는 것은 좋은데 갑자기 생각지도 못한 거액의 세금이 나온다면? 세금이 수익보다 많을 수도 있다면? 이런 일이 발생한다면 소형 아파트에 투자한 의미가 없어진다.

　소형 아파트를 여러 채 소유하면 재산세, 종합부동산세 그리고 나중에 팔 경우 양도소득세를 내야 한다. 재산세야 얼마 되지 않으니 걱정할 게 없지만 종합부동산세는 금액이 아주 크다. 한두 채일 때는 상관없어도 다섯 채 여섯 채가 넘어가면 종합부동산세가 나온다. 아파트가 열 채 스무 채를 넘으면 그 금액이 더욱 커져서 나중에는 매년 종합부동산세를 수천만 원씩 내야 한다.

어떤가? 매년 세금을 엄청나게 내는 게 기분 좋은가? 국가를 위해 세금을 많이 내니까 기분이 좋은가? 당신이 아무리 애국자라 해도 거액의 세금을 내야 한다면 유쾌하지는 않을 것이다.

하지만 이런 문제점을 단번에 해결하는 방법이 있다. 소형 아파트를 구입하면 주택임대사업자에 등록하는 것이다. 구청 주택과에 가서 주택임대사업자 등록을 하고, 관할 세무서에 가서 다시 한 번 주택임대사업자로 등록하면 당신은 당당한 주택임대사업자가 된다.

주택임대사업자가 되면 재산세를 절반 가까이 줄일 수 있고 종합부동산세는 한 푼도 안 낸다. 나중에 양도소득세도 아주 많이 줄어든다. 부동산으로 큰 부자가 될 생각이라면 주택임대사업자 등록은 필수다. 우리 모두 주택임대사업자로 등록하자.

036

월세 임대가 정답일까?

부동산 투자 서적마다 아파트를 구입하면 무조건 월세로 돌리라고 조언한다. 월세로 돌려야만 현금 흐름을 만든다고 하면서 말이다.

나는 그렇게 생각하지 않는다. 오히려 전세 제도에 답이 있다고 말하고 싶다. 좋은 소형 아파트를 전세 끼고 사서 가만히 놔두면 된다. 그렇게 놔두면 세금 걱정도 없다. 굳이 월세로 돌리려고 애쓸 필요가 없다. 월세로 돌리지 않고 그냥 전세로 놔두고 편안하게 살자는 것이 나의 주장이다. 나처럼 전세로 놔두라고 말하는 부동산 전문가는 별로 없을 것이다.

하지만 나 같은 역발상이 당신을 더 큰 부자로 만들어 준다. 대부분의 사람들이 전세는 나중에 집주인이 세입자에게 돌려줘야 하는 부채라고 생각한다. 나도 부동산 투자 초기에는 그렇게 생각했다.

그런데 잘 생각해 보라. 정말 그럴까?

월세를 권하는 사람들은 당신이 소유한 집이 한 채라는 것을 전제로 생각한다. 그 집을 전세로 임대할 경우 만기가 되면 집주인이 전세 보증금을 내줘야 한다는 것이다. 이러한 맥락에서 보면 맞는 말이다.

하지만 나 같은 임대사업자, 즉 아파트 여러 채를 전세로 빌려주는 사람에게는 어이없는 말이다. 당신에게 전세로 빌려준 소형 아파트가 있다고 해 보자. 만기가 되어 세입자가 그 집에서 나갈 경우 전세 보증금을 당신 돈으로 돌려줘야 한다고 생각하는가? 정말로? 아니다, 당신 돈으로 돌려주는 게 아니라 그 집에 새로 들어올 세입자의 보증금으로 이사 나가는 사람의 보증금을 돌려주는 것이다.

그런데 새로운 세입자가 예전의 전세금과 똑같은 금액으로 들어올 것 같은가? 아니다, 절대 아니다. 전에 살던 세입자가 9000만 원에 살았다면 새로 들어오는 세입자는 적어도 1억 원을 낼 것이다. 그 1억 중에서 9000만 원은 나가는 세입자에게 주고, 나머지 1000만 원은 당신 주머니에 들어간다. 한마디로 당신에게 수입을 만들어 주는 것이다. 게다가 이 수입은 정부에서 세금을 떼지도 않는다. 어떤가, 기분 좋지 않은가?

월세를 받는다면 월세 수입에 대해 세금을 내야 한다. 무조건 내야 한다. 그것도 꼬박꼬박. 하지만 임대사업자로 등록한 전

세는 세금을 내지 않는다. 월세를 주면 집주인이 신경 써야 하는 일도 많고 의외로 드는 비용도 많다고 하지만, 그런 것보다도 더 중요한 점은 바로 세금이다.

월세 수입은 무조건 세금을 떼고, 전세 수입은 아무리 많아도 세금을 떼지 않는다면 정답이 명확하지 않겠는가? 난 전세가 정답이라고 생각한다. 남들이 생각하는 것과 반대로 생각하자. 그 안에 엄청난 답이 있음을 깨달을 것이다.

037

상가, 빌딩과 소형 아파트 중
임대하기 좋은 것은?

부자라면 누구나 상가를 갖고 싶어 한다. 빌딩을 원하는 부자도 많다. 수많은 연예인이나 프로 운동선수들도 같은 생각이다. 상가와 빌딩 투자는 무조건 좋은 걸까?

나는 꼭 그렇지만은 않다고 생각한다. 특히 상가는 제때 임자를 만나지 못해 비워 둔 경우를 쉽게 볼 수 있다. 특급 상가 아니고서는 항상 불안하다. 요즘처럼 경제 상황이 좋지 않을 때는 입지 조건이 아주 좋은 지역이 아닌 이상 공실 위험성을 걱정하지 않을 수가 없다.

나와 같이 일하는 지인은 10여 년 전 아주 좋은 지역이라고 광고하는 브로커를 통해 안산에 상가를 마련했다. 하지만 임대수익률이 너무나도 형편없는 데다 매매가도 수억 원이 떨어졌다. 게다가 그 상가에서 장사하는 사람이 나가면 새로운 임

119

차인을 구하기가 너무나도 어려워서 극도의 스트레스를 받는다. 수억 원 손해를 보더라도 팔고 싶지만 상가를 사겠다는 사람이 한 명도 없었다고 한다. 그는 상가라는 말만 나와도 진저리를 친다.

요즘은 황금의 땅이라고 부르는 강남의 빌딩도 공실이 늘어난다고 한다. 몇 개월 치 월세를 받지 않겠다고 해도 임차인을 구하기 힘들다고 한다. 공실이 생기면 빌딩 주인은 막대한 손실을 입는다.

하지만 내가 말하는 입지 조건이 좋은 지역의 소형 아파트를 전세로 임대하면 공실이 생기지 않는다. 상가나 빌딩에 공실이 생기면 스트레스가 이만저만이 아니다. 공실 스트레스 없이 안정되게 전세금을 받고 편하게 살다가 2년 정도 지나 다시 재계약하는 구조. 이 얼마나 좋은가?

난 아직도 상가나 빌딩은 투자하지 않는다. 아예 관심조차 없다. 상가나 빌딩에 들어오는 것은 특정한 단체나 기업 등으로 제한이 있지만, 아파트 전세는 누구나 들어올 수 있으니 아파트는 상가나 빌딩과 비교할 수 없을 만큼 수요가 많다.

어떤가? 상가나 빌딩 임대가 좋겠는가, 아니면 소형 아파트 임대가 좋겠는가? 답은 이미 나온 게 아닐까?

038

정부의 향후 부동산 정책은?

내가 매년 2-3회씩 개최하는 세미나에서 수없이 나온 질문이 정부의 향후 부동산 정책이다. 이 문제에 대해 당신은 어떻게 예측하는가?

자본주의의 특성상 일정한 상황을 넘어서면 경제와 부동산은 점점 하락기에 접어든다. 미국, 한국, 유럽 등 선진국이 될수록 피할 수 없는 현상이다. 이러한 상황에서 정부는 어떻게 할 것 같은가? 부동산 가격이 떨어지는 것을 그냥 지켜볼 것 같은가?

부동산은 부동산 자체의 효과보다 경제 전반에 파생되는 효과가 굉장히 크다. 부동산과 연계된 산업이 많고 부동산에서 파생되는 산업도 상당하다. 그런데 부동산 가격이 떨어지고 매매 수요가 줄어든다면? 국가 경제 전반에 심각한 타격을 줄

수밖에 없다. 일본의 부동산 사례를 보면 아주 쉽게 그 부정적 영향을 예측할 수 있다.

이러한 사항을 고려해 봤을 때 정부는 부동산 규제를 더 풀수밖에 없다. 자산가들이 부동산을 더 사들이도록 유도해야 할 것 아니겠는가? 일반 중산층이 부동산을 산들 얼마나 더 사겠는가? 한두 채밖에 더 사겠는가.

결국 부동산 정책은 자산가들이 더 투자할 만한 환경을 만들어 주는 방향으로 나아갈 것이다. 정부는 일반 기업도 적극 투자해 주기를 바라기 때문에 규제를 풀 수밖에 없다. 우리 같은 자산가들에게는 좋은 뉴스이고, 대부분의 중산층은 부자에게만 혜택이 간다고 또 한 번 크게 분노할 것이다.

그게 자본주의다. 우리는 자본주의의 생리를 잘 알아야 한다. 앞으로 어떤 정부가 들어서도 서민만을 위한 정책은 내놓을 수 없다. 특히 자산가와 기업이 부동산에 투자해 주기를 바랄 수밖에 없기 때문에 서민의 입장보다는 자산가의 입장, 기업의 입장에서 정책을 펼칠 것이고, 당연히 많은 규제를 철폐할 것이다.

우리가 살아갈 길은 하루라도 빨리 부동산 부자가 되는 것이다. 내가 권하는 방법으로 부동산 부자가 되어야 한다. 남들이 뭐라고 하든 무조건 내 말을 믿고 부동산 부자가 되자. 내가 말하는 조건을 갖춘 소형 아파트를 사서 하루라도 빨리 부자가 되자.

정부가 부동산 경기를 살리기 위해 반서민주의 정책을 펴면 대부분의 사람들은 정부를 비판하겠지만 당신은 정부가 어떤 정책을 내놔도 웃으면서 살 수 있다. 평생 긍정적인 사람으로 살아갈 수 있는 것이다. 정부의 정책은 자산가인 당신을 위해 만들어진다. 당신은 그런 세상에 사는 것이다.

아파트 가격이 오르면
좋은 일 아닌가?

대부분의 사람들은 지금 자기가 사는 집이 재산이자 자산이라고 생각한다. 주변 사람들에게 아파트 가격이 얼마나 올랐다고 자랑도 하고, 아파트 가격이 올라서 기분 좋다고 밥도 산다. 이해한다. 얼마나 좋은 일이겠는가?

하지만 당신이 사는 집은 당신의 자산이 아니다. 절대 아니다. 오히려 거대한 부채라는 것을 알아야 한다.

자! 한번 생각해 보자. 당신이 살고 있는 집이 당신에게 수입을 가져다주는가? 공과금도 내야 하고 은행 대출 이자도 내야 하고 아파트 관리비도 내야 하고 보수 비용도 든다. 당신 주머니에서 돈을 빼 갈 뿐이지 주머니에 현금을 넣어 주지 못하는 것이다.

그렇다면 아파트 가격이 올랐을 때 팔면 되는 거 아니냐고 반문할 것이다. 정말 그럴까? 간단히 생각해 보자. 당신이 사는 아파트만 오르는가? 당신의 아파트뿐 아니라 이웃의 아파트 가격도 오른다. 다른 지역의 아파트도 다 오른다. 당신이 살고 있는 아파트만 홀로 가격이 오른다면 뭘 더 바라겠는가? 하지만 다른 아파트도 동시에 오르는데 과연 기분 좋아할 만한 일인가?

물론 당신이 아파트를 소유한 게 아니라 전세나 월세를 산다면 아파트 가격이 오르는 걸 슬퍼하는 것은 당연하다. 아파트 구입이 더욱더 어려워지니까 말이다. 지금 사는 아파트 한 채 가지고 있으면서 집값이 올랐다고 기뻐하는 것은 바보 같은 행동이라는 것을 알아야 한다. 그래서 아파트 한 채 가지고는 안 된다. 당신이 거주하는 아파트 외에 임대 소득을 올리는 소형 아파트를 많이 소유해야 한다.

남들에게 빌려주는 그 소형 아파트가 당신의 자산이고 보물인 것이다. 당신에게 현금을 만들어 주고, 아파트를 더 구입할 수 있게 해 주고, 자동차를 사 주고, 생활의 여유를 제공하고, 풍요롭게 살도록 해 주는 것이다.

아파트 한 채 가지고 만족해하는 자본주의의 바보는 되지 말자.

부동산 컨설턴트는 부자일까?

　우리 사회에는 부동산 컨설턴트라고 자칭하는 부동산 전문가가 많다. 부동산 관련 학과를 졸업하고, 부동산 관련 석사 및 박사 학위도 받았다. 이들은 부동산 관련 책도 많이 쓰고 전국 곳곳을 돌며 부동산 투자 강의도 한다. 능력만 본다면 어마어마한 부자가 되어야 하는 사람들이다.

　하지만 현실은 그렇지 않다. 부동산 컨설턴트 중에는 강의가 아니면 한 달 생활도 힘든 사람이 많다. 책을 쓰느라, 강의하느라 시간이 없어서 실제로 부동산에 투자하지는 못한다고 말하는데, 전부 핑계로 들릴 뿐이다. 부동산 관련 책을 쓰고 부동산 투자 강의를 하지만 직접 투자하는 게 두려워서 못 하는 것이다. 다른 사람들에게는 투자하라고 하면서 정작 자신은 투자하지 않는 것이다. 부동산에 대해 이론은 풍부하지만 실제로 어떻게 돌아가는지 현장 사정은 잘 알지 못한다. 현장 경험이 별로 없다 보니 투자를 두려워하는 것이다. 남들에게 조언은 정말 잘한다. 하지만 그 지역에 직접 투자하라고 한다면? 솔직히 못 한다. 잘 모르기 때문이다.

이게 옳다고 생각하는가? 직접 부동산 투자에 성공해 보고 나서 사람들에게 같이 성공하자고 해야지 자기는 가만히 있으면서 남에게만 투자하라고 하면 되겠는가? 우리 사회에는 이런 컨설턴트가 정말 많다는 데 주의해야 한다.

언론이나 전문가의 말을
무조건 믿으면 안 된다

부동산은 수학 공식이 아니다. 수학 공식의 1+1=2 같은 결과가 나오는 게 절대 아니다. 부동산은 어찌어찌해서 당연히 어떻게 된다고 주장하는 전문가도 있지만 난 실소를 금할 수가 없다. 모든 부동산이 다 그렇게 움직일 것 같은가? 웃기는 소리다.

몇 년 전부터 부동산 가격이 떨어질 거라면서 절대 부동산을 사면 안 된다고 강의와 책, 인터넷 매체에서 주야장천 외치는 경제 전문가가 있었다. 그러나 결과는 어떤가? 경제 전문가의 말과 달리 서울과 수도권뿐 아니라 지방에서도 큰 폭으로 부동산 가격이 올랐다.

나는 그 전문가가 부동산을 사지 말라고 할 때 아파트를 계속 사들였고 나의 회원분들에게도 아파트를 사 드렸다. 그리고 큰 이익을 보았다. 많은 사람들이 그 전문가의 말대로 부동산에 투자하는 대신 현금을 가지고 있을 때 우리는 부동산에 투자했고, 부자가 되는 시간을 크게 앞당겼다.

누가 뭐라고 하든 내가 부동산을 고집한 이유는 간단하다. 아직 부동산 투자 초보이던 IMF 외환 위기 직후에 전문가가 하라는 대로 무조건 따른 결과 큰 이익을 볼 수 있는 기회를 그대로 놓친 경험이 있기 때문이다. 현장 경험 없이 자료와 이론만 가지고 말하는 전문가는 믿지 말아야 한다는 것을 깨달았다.

실제로 부동산은 그 지역의 흐름이 중요하고, 돈이 어디로 흘러 다니는가가 대단히 중요하다. 그래서 나는 이론만 풍부한 전문가가 하는 말이나 전문가가 신문 등에 기고한 글은 믿지 않는다.

실제로 분석이 잘못된 경우가 많다. 전문가는 자신의 예측이 틀렸다고 한마디 하면 끝이다. 하지만 일반인은 그들의 말을 믿고 따르다가 큰 손실을 볼 수도 있지 않겠는가? 무조건 전문가의 말을 따르다가 나처럼 좋은 기회를 놓치는 일이 생길 수도 있지 않겠는가?

부동산은 살아 움직이는 유기체 같은 것이다. 언제 어디서 용트림을 할지 아무도 모른다. 언론에 나오는 전문가의 말은 그냥 듣기만 할 뿐 믿지는 마라.

난 지금도 궁금하다. 자칭 전문가라는 사람들이 정말 부자

인지 말이다. 그 사람은 부자일까, 아니면 글을 쓰고 강의를 하지 않으면 살기 힘든 서민일까.

큰 부자가 되려면 전문가가 말하는 것과 반대로만 하라는 우스갯소리가 있다. 난 이렇게 말하고 싶다. 전문가가 하라는 대로 하면 부자가 되지 못한 채 평범하고 비루하게 살아갈 확률이 크다고.

042

단시간에 부자가 되는 비결은
대출이다

나도 직장 생활을 시작할 때는 대출을 아주 싫어했다. 아버지도 대출을 받으면 무슨 큰일이라도 일어나는 것처럼 생각하는 분이라 나 역시 그랬을 것이다. 처음 아파트를 담보로 대출받을 때 얼마나 무서웠는지 모른다.

내일 당장 전쟁이라도 터질 것 같은 분위기? 가슴이 터져 버릴 것 같고, 무슨 큰 죄를 저지른 것만 같고 그랬다. 하지만 그 후로 대출을 많이 받았고, 대출받은 돈으로 소형 아파트를 사 나갔다. 대출 이자는 생각하지도 않았다. 어떻게든 갚겠지 싶었다. 대출을 받아서라도 아파트를 늘려나가는 게 목표였기 때문이다.

난 지금도 쉽게 대출해 주는 은행이 고마운 한편 바보라고 생각한다. 그 적은 이자를 받고 돈을 빌려주니 말이다. 난 대

출을 통해 아파트를 구입해 나갔다. 대출은? 이미 다 갚았다.

대출은 누가 갚은 것일까? 내가 갚은 것일까? 아니다, 내 집에 사는 세입자들이 다 갚아 주었다. 그들은 자신이 내 대출을 갚아 주었다는 사실도 모른다. 이게 자본주의의 속성이다. 알면 힘이요, 모르면 당한다. 당신도 대출을 받아라. 다른 생각 하지 말고 대출받아서 소형 아파트를 사라.

이자? 저금리 시대에 이자가 나오면 얼마나 나오겠는가? 1억을 빌려 봐야 한 달 이자가 30만 원이다. 나라면 그 돈으로 소형 아파트 여섯 채는 사겠다, 안 그런가? 그렇게 사 놓으면 대출 이자는 세입자가 갚고, 그보다 훨씬 많은 현금이 나에게 들어온다. 마음 놓고 대출을 받자.

043

좋은 대출이 있고 나쁜 대출이 있다

서울 아파트가 3억 정도 한다고 하자. 내가 1억 5000만 원이 있고 나머지 1억 5000만 원은 대출받아서 이 집을 구입했다고 하자. 대부분의 사람들은 1억 5000만 원을 갚으려고 죽을힘을 다할 것이다. 생활비 쓰고 남은 돈은 무조건 대출금을 갚을 것이다. 이렇게 해야 대출 이자가 별로 안 나온다고 생각할 테니까. 하지만 이것은 나쁜 대출이다.

경기도 아파트가 2억 정도 한다고 하자. 나는 1억 5000만 원이 있지만 이 중 1억과 대출 1억을 합해서 2억으로 이 집을 산다. 그리고 나머지 5000만 원으로 나만의 재테크를 시작한다. 이 돈을 소형 아파트나 오피스텔에 투자해서 두 채나 세 채 사면 어떨까? 등 뒤에 나만의 무기를 두 개 세 개 장착하는 것이다. 무조건 빚만 갚아야 하는가? 절대 아니다. 이렇게 해야 돈

Part 02
부동산

133

을 번다. 이게 바로 좋은 대출이다.

대출을 빨리 갚는 게 좋다고 생각하나, 아니면 천천히 갚는 게 좋다고 생각하는가? 내가 받은 대출은 20년, 30년 상환 대출이다.

대출받은 돈은 천천히 갚는 게 우리 같은 서민에게는 좋다. 대출 이율이 물가상승률보다 낮기 때문이다.

044

부자와 가난한 자의 차이는
레버리지에 있다

부자와 가난한 자의 차이는 어디에 있다고 생각하는가? 또한 저축하는 사람과 투자하는 사람의 큰 차이는 어디에 있을까? 바로 레버리지다. 남의 돈을 최대한 이용할 줄 아는 사람이 부자이고, 그저 자기 돈만 가지고 움직이는 사람이 가난한 자다.

금융 지식과 재무 지식을 갖춘 사람은 남의 돈을 가지고 투자한다. 적은 위험과 적은 돈으로 더 큰 수익을 올리는 것이다. 레버리지는 부자가 되기 위해 반드시 필요한 것이다. 레버리지를 모르는 사람, 레버리지를 싫어하는 사람은 절대 부자가 될 수 없다.

대표적인 레버리지가 대출이다. 난 대출을 아주 사랑한다. 다른 부자들도 대출을 매우 사랑한다. 이미 대출을 많이 받은

135

상황에서도 더 받고 싶어서 안달한다. 그게 바로 부자의 자세다. 하지만 대부분의 사람들은 대출을 무서워한다. 대출을 받으면 내일이라도 큰일이 생길 것 같다고 한다. 내일이면 은행에서 보낸 직원이 집 앞에 찾아와 협박할 것 같다고 한다. 이 얼마나 무지몽매한 생각인가? 대출을 통한 부동산 투자는 부자가 되는 속도를 열 배 이상 당겨 준다. 대출은 최대한 받아야한다.

또 하나의 레버리지는 바로 전세다. 전세로 들어오는 세입자는 그 막대한 전세금을 집주인에게 2년 동안 무이자로 빌려주는 셈이다.

레버리지를 이용한 방법은 다음과 같다.

1. 남의 돈을 이용해 내 자산을 불리는 것

2. 은행 돈을 이용해 내 자산을 키우는 것

대부분의 사람들은 은행에서 돈을 빌리면 큰일이라도 나는 줄 안다. 하지만 나 같은 전문 투자자는 은행이 아주 고마울 따름이다. 쥐꼬리만 한 이자로 돈을 빌려서 아파트를 구입해 큰 수익을 추구할 수 있기 때문이다. 나 역시 은행 대출이 없었다면 지금의 자산을 구축하지 못했을 것이다. 또한 부자들은 타인의 돈을 이용해 자기에게 돈이 굴러오게 만드는 시스템을 가지고 있다.

대부분의 서민들이 열심히 일하면서도 돈에 허덕일 때 부자들은 레버리지 효과를 이용해 거대한 돈을 벌고 있다. 이러한 시스템을 만들어 놓고 경제적 시간적 자유를 갖는 것이다. 그게 바로 부자다.

045

자동차와 소형 아파트

대부분의 사람들은 돈을 좀 벌기 시작하면 자동차를 사려고 한다. 그것도 새 차를 말이다. 자기에게 맞는 차를 사겠다며 아주 좋은 차를 사기 위해 노력한다.

그런데 자동차를 사면 취득세를 비롯한 각종 세금을 내야한다. 또한 보유세가 나가고, 보험료가 나가고, 기름값이 나가야 한다. 기름값에는 엄청난 세금이 포함되어 있다.

이렇게 구입한 자동차 가격은? 맞다, 계속 떨어진다. 가격이 계속 떨어지는 것을 사기 위해 그렇게도 노력한 셈이다. 솔직히 시간이 지나도 내가 사고 싶은 차는 전시장에 있고 주문만하면 언제든지 나온다. 절대 나 혼자만 갖는 물건이 아니다.

반면 소형 아파트는 어떤가? 내가 사고자 하는 소형 아파트는 단 하나다. 101동 1501호, 302동 1302호 등 그 아파트 하나다. 게다가 시간이 지나면 가격이 점점 오른다. 이런 아파트는 사기도 힘들다. 누군가 2000만 원이 있는데 자동차를 살 건지, 아니면 박정수라는 사람을 통해 소형 아파트를 살 건지 물어본다면 당신은 뭐라고 대답하겠는가?

둘 중에 무엇이 부채이고 무엇이 자산 같은가? 아파트를 산 사람은 놀면서도 돈을 벌 수 있는 시스템을 만든 것이지만, 자동차를 산 사람은 계속 돈을 벌어야 하는 시스템 속에서 사는 것이다.

5년 또는 10년 후를 보라. 두 사람의 빈부격차가 상상 이상일 것이다. 자동차를 굴리느라 자산을 만들지 못한 사람들이 부자를 욕하고 정부를 비난한다. 자신이 무식하고 노력하지 않은 것에 대해서는 생각하지도 않고 말이다.

자동차를 꼭 사고 싶으면 중고차를 사라. 나중에 아파트나 다른 금융 소득이 많아질 때 좋은 차를 사면 된다. 욕심을 좀 뒤로 미루는 것뿐이다. 그러면 자기 돈이 아니라 남의 돈으로 고급 자동차도 끌고 다닐 수 있다.

046

시세 차익이 아니라
현금 흐름이 목표다

부동산 투자라고 하면 보통은 집을 싸게 사서 나중에 비싸게 파는 거라고 생각한다. 맞다, 하지만 좋은 방법은 아니다. 시세 차익을 목표로 하는 방법은 통하지 않는 시대가 되었다. 요즘 같은 저성장 시대에 부동산이 오르면 얼마나 오르겠는가?

분양권이 크게 올랐다고 전하는 언론 보도도 있지만 그 속을 제대로 파헤쳐 보면 기사 내용과 실제가 너무나 다른 일이 허다하다.

우리는 시세 차익을 목표로 하는 게 아니다. 내가 투자한 아파트, 내가 투자한 금융 상품에서 계속 현금이 나오게 만드는 것이다. 어떠한 상황에서도 내 주머니에 현금이 들어오는 것! 혹시나 내가 아프거나 다쳐서 일할 수 없을 때, 회사에서 명퇴를 당했을 때, 회사가 갑자기 망해서 실직했을 때도 현금이 계속 들어온다고 생각해 보라. 당신이 진정 하고 싶은 일을 돈 걱정 없이 맘껏 할 수 있다고 생각해 보라. 이것이 진정한 재테크다.

현금 흐름을 목표로 투자하는 게 행복한 것이다. 현금 흐름을 목표로 했는데 시세 차익까지 생긴다면 보너스다. 하느님이 주신 선물일 수 있는 것이다. 항상 기억하자. 우리는 무조건 현금 흐름이다.

그런데 시세 차익을 목표로 투자하면 이런 결과를 가져올 수가 없다. 그냥 한 번 팔고 그 차익에 만족하기 때문이다. 그 차익이 나에게 수입을 계속 만들어 주지는 않는다.

현금 흐름! 끊임없이 들어오는 현금 흐름을 만드는 시스템! 그게 바로 당신을 부자로 만들어 주는 것이다.

047

경매? 웃기는 이야기다

몇 년 전까지만 해도 재테크 욕심이 워낙 강해서 경매에 빠진 적이 있었다. 학원에서 경매 수업도 열심히 듣고, 임장도 열심히 나가고, 경매투자자 모임에도 참가해 정보란 정보는 다 모으려고 노력했다. 하지만 낙찰을 받아 내 것이 되어야만 수익도 생기고 재미도 있는 법이지, 전국 곳곳을 다니며 입찰해도 낙찰을 받지 못한다면 그게 무슨 재테크인가?

요즘은 워낙에 많은 사람들이 학원을 통해 경매에 참가하기 때문에 내가 낙찰받는 것은 하늘의 별 따기다. 아니 하늘의 별 따기보다도 어렵다. 그런데도 여전히 수많은 경매 학원에서는 경매를 통해 많은 수익을 얻을 수 있다고 광고한다. 과연 사실일까? 내가 생각할 때는 웃기는 소리다.

광고를 해야 많은 사람들이 관심을 보일 것이고, 관심을 보여야 경매 학원에 등록할 것이고, 그래야 수입이 생기지 않겠는가? 경매 학원에 관련된 사람이나 단체에서 경매는 최고의 재테크 수단이라고 광고하는 이유다.

만약 내가 경매에만 매달렸다면 지금처럼 200여 채의 아파트를 소유할 수 있었을까? 그럴 수 없었을 것이다. 이제 경매는 이익을 얻기 힘든 구조가 되었다. 순수하고 선한 사람들을 이용해 경매 학원과 관련된 업자들만 돈을 버는 것이다.

내가 쏟아부은 경매 수업료와 부대비용만 해도 만만치 않다. 지금 생각해 보면 돈도 아깝지만 시간도 아깝다. 그때는 경매의 속성도 모른 채 많은 시간을 버려 가면서 쫓아다녔다. 경매? 하지 말자. 급매로 사는 게 훨씬 낫다.

요즘은 급매로 1억에 살 수 있는 아파트를 경매로 1억 2000만원에 낙찰받는다고 한다. 낙찰 경쟁이 워낙 치열하다 보니 이런 일이 벌어지는 것이다. 급매보다도 낮은 금액으로 낙찰받는게 올바른 경매다. 급매보다 높은 금액으로 낙찰받을 수밖에 없다면 바보들이나 하는 장난에 불과하다.

048

프리미엄이 높은 아파트를 사라고?

나는 현금 흐름이 끊어지지 않는 소형 아파트에 투자하라고 외치는 사람이다. 그런데 박정수 팀장님 수업을 들을 때는 그런가 보다 했는데, 친구나 부동산 중개사들은 새로 짓는 아파트의 프리미엄을 고려하여 사라고 했다면서 난감해하는 회원들이 있다.

이 얼마나 기쁜 일인가? 내가 말하는 비결을 많은 사람들이 안다면, 그들도 나의 이론대로 투자한다면 어떻게 되겠는가? 나의 이론대로 투자가 잘 이루어지겠는가? 대부분의 사람들이 현금 흐름이 아닌 시세 차익을 목적으로 부동산에 투자하는 게 그저 기쁠 뿐이다. 미안하지만 그 사람들이 계속 그렇게 생각해 주기를 바란다. 그래야 우리에게 계속 기회가 생기기 때문이다.

대부분의 사람들은 자기 생각이나 투자 방식을 쉽게 바꾸지 않는다. 하지만 나 같은 사람들은 옳다고 생각하는 투자 방식이나 다른 무엇인가를 발견하면 짧고 굵게 생각한 뒤 바로 실행에 옮긴다. 실행에 옮겨야 직접 경험할 수 있고, 그래야 또 다른 가르침과 교훈을 얻을 수 있기 때문이다.

하지만 대부분의 사람들은 경험하지도 않고 실행하지도 않은 채 안 좋은 면만 생각해서 행동으로 옮기지 못한다. 이 또한 얼마나 다행인가? 나처럼 행동으로 먼저 옮기는 사람이 이기는 게 바로 우리가 하는 이 게임이기 때문이다. 그래서 대부분의 사람들이 재무 지식과 부동산 지식도 없고 그저 자기 생각이 옳다고 믿는 게 얼마나 고마운지 모른다.

049

세금은 부자를 위해 존재한다

정부는 시간이 지날수록 더 많은 세금이 필요하다. SOC(Social Overhead Capital, 사회간접자본) 사업을 해야 하고, 복지를 늘려야 하고, 경제를 살려야 하는 등 다양한 사업을 진행하려면 세금이 필요해진다. 일반 서민의 세금도 늘어날 것이고 부자 증세라 하여 부자에게도 세금을 많이 거두려 할 것이다. 그런데 부자 증세라는 게 우리에게도 적용될 것 같은가?

정부가 말하는 부자는 나처럼 아파트를 빌려주는 부동산 부자를 의미하는 게 아니다. 월급을 많이 받는 고소득자를 말하는 것이다. 또는 돈을 많이 버는 의사, 변호사를 겨냥한 것이다. 그들은 돈을 많이 벌면 벌수록 높은 세율에 따라 세금을 더 많이 내야 한다. 어쩌면 세금을 더 많이 내기 위해 일하는 결과가 될 수도 있다.

정부가 점점 더 많은 세금을 걷으려면 이러한 방법을 쓸 수밖에 없다. 하지만 부동산 임대를 하는 우리는 오히려 세금 혜택을 받는다. 정부가 해야 하는 일, 바로 서민들에게 집을 제공하는 일을 우리가 대신 하기 때문에 엄청난 세금 혜택을 받을 수 있는 것이다.

노동 수입이 아닌 비노동 수입을 통해 합법적으로 세금 혜택을 받으면서도 매년, 매월 현금이 쏟아져 들어온다면 얼마나 환상적인가? 그렇게 살아야 한다. 그렇게 세금 걱정 없이 살아야 한다. 직장에서 열심히 일하고 승진하여 연봉이 올랐다고 좋아하는 사람들을 보면 안쓰럽기도 하다. 연봉이 오르면 그 이상으로 세금이 오른다는 것을 왜 모를까? 세금이 오르고 국민연금이 오르고 의료보험이 오른다.

그것이 당신을 부자로 만들지 않으려는 정부의 무기인지도 모른다. 다시 말하지만 우리에게 세금은 인센티브다. 알면 힘이요, 모르면 항상 당하는 법이다.

050

당신은 무한 수익을 아는가?

부동산 투자는 무한 수익을 낸다. 무한 수익? 무슨 말인지 아는가? 우리가 1000만 원을 투자했다고 치자. 2년 뒤 1000만 원을 모두 회수한다면 우리가 투자한 돈은 제로다. 그 상태에서 매월 5만 원씩 내 주머니에 들어온다면 수익률이 몇 퍼센트인가?

생각해 보라. 내가 투자한 돈도 없는데 매월 돈이 들어온다면 그 수익률은? 한마디로 무한 수익이다. 우리가 추구하는 게 바로 이런 것이다. 우리는 다른 사람들과 투자하는 방법이 완전히 다르다는 이야기다.

대부분의 금융 전문가는 거액을 투자해서 얼마의 수익률을 구하는 방식을 이야기하지만 나는 그런 방식, 즉 자본 이득이나 자본 수익 같은 것에는 관심이 없다. 대신 투자한 돈을 빨리 회수하고 이후로 계속 현금이 들어오는 방식을 추구한다.

이렇게 무한 수익을 추구하는 사람이 세상에 얼마나 될 것 같은가? 거의 없지 않을까?

재무 지식과 재무 정보를 갖는 게 중요한 이유다. 당신 곁에는 무한 수익을 구할 수 있게 도와주는 전문가가 있는가?

당신이 1억 원짜리 아파트를 전세 9000만 원을 껴서 구입했다고 해 보자. 당신 돈은 얼마나 들었는가? 1000만 원이다. 이 아파트가 전세 만기 2년이 지나 전세가가 9000만 원에서 1억으로 올랐다고 해 보자. 당신에게 얼마가 들어오는가? 1000만 원이 들어온다.

2년을 한꺼번에 생각해 본다면 당신이 이 아파트에 든 돈은 얼마인가? 처음에 1000만 원을 투자했는데 2년 후 1000만 원이 들어왔으니 실제로 당신이 투자한 돈은 제로다, 제로!

그런데 아파트는 누구 것인가? 바로 당신 것 아닌가?

그 후에 생겨나는 수입이 있다면? 그야말로 무한 수익 아닌가? 바로 이 무한 수익이 당신을 부자로 만들어 주는 것이고, 거대한 부자들도 이 무한 수익을 추구하려고 그렇게 열심히 노력하는 것이다.

Part 02
부동산

051

부자들의 투자 비밀은?

보통은 주변에서 거대한 부자를 보기 힘들다. 그래서 부자들은 어떻게 투자하는지 알 재간이 없는 것이다. 부자들 또한 아무리 절박한 사연이 있다 해도 제3자에게 자기의 투자 방법을 알려 주지 않는다. 자기의 노하우를 알려 주는 부자를 지금까지 한 명도 보지 못했다.

거대한 부자들은 자기 돈으로 투자하지 않는다. 남의 돈을 이용해서 투자한다. 남의 돈을 이용하는 수단과 재능이 당신을 부자로 만든다. 이런 말을 하면 어떻게 남의 돈을 이용하느냐고, 이해가 안 된다는 사람이 대부분일 것이다. 하지만 이 책을 읽는 당신은 쉽게 이해할 것이다.

내가 말하는 남의 돈이란 두 가지다. 첫째는 전세 제도를 이용한 전세 보증금이고, 두 번째는 은행에서 대출받은 돈이다.

은행이 부자에게는 아주 바보 같고 고마운 존재지만 가난한 자에게는 무서운 존재라는 것을 아는가? 전세 제도가 부자에게는 매우 고마운 존재지만 가난한 자에게는 무서운 존재라는 것을 아는가?

부자가 되려면 수많은 지식과 정보를 알아야 하는 게 아니라 부자들의 투자 방식을 섭렵하고 그 마인드를 배워서 따라 하는 게 중요하다. 하지만 남의 돈을 이용해서 부자가 되어야 하는 구조를 알려 주고 그 방법까지 설명해도 그대로 따라 하는 사람은 거의 없다는 점에 놀랄 뿐이다. 먹이를 입에 대 줘도 먹지 않을뿐더러 먹는 방법조차 알려고 하지 않는 사람들!

나 같은 사람은 고마워할 수밖에 없는 태도지만 한편으로는 참 안타깝다는 생각이 든다. 부자는 자기 돈으로 되는 게 아니다. 남의 돈으로 되는 것임을 명심하자.

052

돈은 썩어 가고
소형 아파트는 꽃을 피운다

소형 아파트 같은 실물 자산은 시간이 지나면서 화폐가치가 떨어지는 인플레이션 시대에 그 떨어진 만큼 가격이 올라 인플레이션을 해지할 수 있다.

하지만 현금은? 현금이나 은행 저축은 인플레이션을 그대로 다 적용받기 때문에 시간이 지나면서 가치가 떨어진다.

은행에 적금을 드는 순간부터 돈을 손해 보기 시작한다는 말을 이해하겠는가? 매년 물가 상승, 즉 인플레이션은 4퍼센트 정도로 진행되는데 은행 이율은 2-3퍼센트라면 당신은 가만히 앉아서 1-2퍼센트를 손해 보는 것이다. 시간이 지날수록 현금 가치는 계속 떨어지고 썩어 가는 것이다.

그런데도 열심히 저축하면서 좋아하는 사람들이 있고, 열심히 공무원 공제, 교직원 공제, 행정 공제 등을 하면서 행복해하는 사람들이 있고, 은행 잔액이 높아진다고 좋아하는 사람들이 있고, 쥐꼬리만 한 이자가 붙었다고 좋아하는 사람들이 있다. 그런 모습을 볼 때마다 저 사람들은 공부만 잘했지 돈이라는 걸 잘 모르는구나 싶을 때가 한두 번이 아니다. 공부 잘하고 좋은 직장에 잘 다니는 게 전부가 아닐 텐데 말이다.

은행 적금, 예금, 연금저축, 복리형 적금 등의 상품 그리고 공제 상품은 실제로 확정된 손실을 의미한다. 계속 그 가치가 내려가고 냄새를 풍기지 않으면서 썩어 간다는 것을 아는 사람이 얼마나 될까?

당신에게 1000만 원이 있다고 해 보자. 그 돈이면 자장면 2000그릇을 먹을 수 있다. 하지만 10년이 지나 연복리 3퍼센트의 이자(요즘 이렇게 높은 예금 이자는 없다)에 세금을 떼고 받을 수 있는 금액이 1300만 원이 되었다고 해 보자.

대부분의 사람들은 이 금액을 보고 기뻐할 것이다. 어떻게 이렇게 많은 이자가 붙었냐고 만족해할 것이다. 하지만 눈으로 볼 때만 돈이 늘어난 것이다. 10년 뒤에 1300만 원 가지고는 자장면 2000그릇은커녕 1200그릇도 먹기 힘들다. 1000만 원이 1300만 원으로 숫자는 커졌는지 모르겠지만 실제 가치는 상당히 떨어져서 오히려 큰 손해를 보는 것이다.

하지만 내가 말하는 대로 입지 조건이 좋은 소형 아파트를 전세 끼고 구입한다면 2년마다 전세가가 상승하면서 그 상승한 금액을 가지고 소형 아파트를 또 구입할 수 있고, 또다시 2년이 지나면 아파트 두 채의 전세 상승분으로 소형 아파트

두 채를 더 살 수 있다. 이런 식으로 소형 아파트를 구입한다면 10년 뒤 당신은 열 채가 넘는 아파트를 소유하는 것이다.

똑같은 1000만 원을 가지고 10년 뒤에 1300만 원을 만들었다고 행복해하는 사람이 있는가 하면, 소형 아파트 열 채를 갖는 사람이 있다면 어느 쪽에 투자해야 부자가 될 것 같은가?

현금이 눈앞에서 썩도록 놔두면 안 된다. 그 현금으로 하루라도 빨리 소형 아파트를 사고, 그 소형 아파트가 당신을 위해 미친 듯이 구르게 만들어야 한다. 특히 요즘처럼 정부가 현금을 윤전기로 찍어 낼 때는 돈의 가치는 더욱더 빨리 떨어지고 소형 아파트 같은 실물 자산은 더욱더 크게 오를 수밖에 없다.

이런 경제 상황에서는 소형 아파트 같은 실물 자산을 가진 사람이 더욱더 큰 부자가 된다. 현금을 가지고 있는 사람은 바보나 거지가 되고, 소형 아파트를 가지고 있는 사람은 가만히 앉아서 부자가 된다는 것이다.

소형 아파트는 당신에게 꽃을 피워 줄 것이다. 곱고 진한 향기를 내뿜으면서.

053

물가가 오를수록 좋다고?

물가가 오를수록 기뻐하는 사람이 있다면 믿겠는가? 솔직히 나 같은 사람들이 그렇다.

물가가 오른다는 것은 그만큼 실물 자산이 오른다는 이야기다. 반면 돈의 가치는 더욱더 떨어진다. 같은 1000원을 가지고 지금은 붕어빵 네 개를 살 수 있지만 5년 뒤에는 두 개밖에 사지 못한다. 그게 바로 물가다. 물가는 떨어지기가 어렵다. 시간이 가면 갈수록 계속 오를 수밖에 없는 것이다.

대신 소형 아파트는 물가 상승 이상으로 매매가가 오르면서 전세가 또한 미친 듯이 오르기 때문에 가만히 앉아서 막대한 이득을 취할 수 있다. 물론 실물 자산인 아파트 중에서 중대형 아파트는 제외하고 소형 아파트만 이야기하는 것이다. 중대형 아파트는 시간이 지날수록 점점 더 쓰레기 같은 존재로 바뀌

지만, 소형 아파트는 시간이 지날수록 값어치가 오른다.

그렇다면 우리는 어떻게 해야 하는가?

시간이 지날수록 막대한 이익을 가져다주는 실물 자산, 즉 소형 아파트를 하루라도 빨리 획득해야 한다. 미친 듯이 획득해야 한다. 남들이 뭐라고 하든 미친 듯이 구입해야 한다. 온갖 부정적인 이야기가 들려도 귀를 닫고 구입해야 한다.

그러지 않고는 물가라는 폭탄에 항상 불안해하며 살아갈 수밖에 없다. 평생 동안 물가 상승에 불안해하며 산다고 생각해보라. 당신의 임금상승률이 물가상승률보다 높을 것 같은가? 이러한 일은 절대로 있을 수가 없다.

나를 비롯한 부동산 투자자들은 요즘 같은 상황에서 크게 만족해하며 웃고 지낸다. 가만히 있어도 내가 소유한 소형 아파트들이 알아서 돈을 번다. 소형 아파트의 매매가 오르는 힘에 놀라서 어쩔 줄 몰라 하고 있다.

부동산 투자자들이 이러한 돈의 성격을 몰랐다면? 한 푼이라도 더 벌기 위해 열심히 일할 테고, 열심히 저축하면서 혼자 만족해할 것이다. 바보처럼 말이다.

나는 지금 크게 웃고 있다. 요즘처럼 물가가 크게 오르더라도 그 물가 때문에 고민하거나 힘들어할 일이 없으니까. 게다가 내 자산인 소형 아파트들은 아주 크게 오르고 있으니 말이다. 내가 자거나 쉬거나 술을 마시거나 여행 다니거나 극장에서 영화를 보고 있을 때, 소형 아파트는 묵묵히 나를 위해 일하면서 막대한 이익을 가져다준다.

당신의 소중한 돈이 은행 통장에서 물가 상승에도 한참 따라가지도 못하면서 썩어 가고 있고, 금리형 장기 보험 상품에서 엄청난 수수료를 떼이며 은행 저축보다도 더 많이 썩어 가고 있고, 펀드 잔고에서 원금 손해의 위험성을 가지고서 썩어 가고 있다.

당신의 돈이 1000만 원, 2000만 원이 모일 때마다 소형 아파트를 미친 듯이 사자. 그렇게 당신의 소형 아파트를 늘려나가자. 그러면 곧 당신도 나처럼 뉴스와 신문에 물가가 너무나 많이 올라 서민들에게 큰 부담이라는 기사를 봐도 아무 걱정 없이 활짝 웃는 사람이 될 것이다.

054

부동산에서 발생하는 금융 비용은
내가 부담하지 않는다

나는 소형 아파트를 통해 임대 사업을 한다. 임대 사업을 하다 보니 그저 아파트 한 채만 지닌 채 월급쟁이 생활을 할 때와는 아주 다른 큰 세계가 눈에 들어왔다.

임대 사업을 해 보지 않은 평범한 샐러리맨은 이런 만족감을 이해하기 힘들 것이다. 이렇게 거대한 것에 대해 생각해 보거나 경험해 본 적이 없을 테니까 말이다. 시간이 자유롭고 경제적으로 자유로우며 사람들 앞에서 당당하게 생활할 수 있을 뿐 아니라 인생을 살면서 필수적으로 갖게 되는 여러 가지 걱정거리가 없어지기 때문에 행복해진다.

그런데 한 가지 무서운 게 있다. 임대 사업을 하다 보면 은행 대출을 받을 일이 생기기 때문에 이자도 갚아야 하고 정부에 정기적으로 세금을 내야 하는 등 여러 가지 금융 비용이 발생한다는 것이다. 이런 비용을 누가 부담할 것 같은가? 맞다, 내 아파트에 살고 있는 세입자가 부담한다.

전세 만기가 되면 은행 이자, 지가상승률, 물가상승률, 아파트 관리 상태, 수리 비용 등을 감안하여 전세 가격을 다시 책정한다.

전세입자는 그저 따라와야만 한다. 따라오기 싫으면 그 집을 나가서 다른 집을 알아봐야 할 텐데, 거기에 따른 비용도 만만치 않기 때문이다. 또한 주변 아파트 전세가도 같이 올랐을 테니 다른 아파트로 이사한다는 것이 쉬운 일이 아니다. 전세 보증금을 올려 주고 지금 사는 집에 그대로 살 수밖에 없는 것이다. 미안한 말이지만 전세입자는 집주인에게 대항할 수가 없다. 집주인은 이렇게 주도권을 가지면서 금융 비용을 모두 세입자에게 전가시킬 수 있는 것이다.

한마디로 집주인이 부담해야 하는 비용을 세입자가 감당하는 것이다. 똑같은 사람인데 부동산과 돈, 물가 상승에 대해서 아무것도 모르고 산다는 것이 이렇게 무서운 일이다. 높은 학벌이 중요할 것 같은가? 좋은 직장에 다니는 게 중요할 것 같은가? 높은 연봉이 중요할 것 같은가?

자본주의 사회에서 살아가는 한 더 중요한 것은 재무 지식과 부동산 지식이라고 생각한다. 좋은 직장에 연봉이 많으면 뭐 하겠는가? 돈에 대해 아무것도 모르면 집주인을 위한 삶을 살아야 하는데 말이다.

자! 이쯤에서 하나 물어보자.

이 글을 읽는 당신은 집주인으로 살아야겠는가, 아니면 전세입자로 살아야겠는가? 하루라도 빨리 재무 지식을 갖추고 소형 아파트를 한 채라도 가져야 한다. 그렇게 집주인으로 살아야 당하지 않는다. 지금 같은 시대에 전세입자는 집주인의 노예라는 사실을 알았으면 한다.

055

은행 저축이 거북이라면
임대 사업은 제트기다

은행 저축? 난 하라고 해도 안 한다. 죽어도 안 한다. 내 돈을 왜 은행에 넣어 둬야 하는가? 물가상승률을 따지면 가만히 앉아서 내 돈을 손해 보는데 말이다. 쥐꼬리만 한 이자에, 그나마 중간에 돈을 찾으면 거의 주지 않는다. 그런데 왜 한단 말인가? 그런 바보 같은 짓을 할 이유가 없다.

그래서 은행 저축은 거북 중의 상거북이다. 거북처럼 투자해서 부자가 될 수 있다고 생각하는가? 은행에 계속 적금 들고 예금 들고 하는 사람들을 보면 정말 이해하기 힘들다. 사람이 저렇게 바보일 수 있을까?

반면 부동산 임대 사업은 어떤가? 곱하기도 이런 곱하기가 없다. 완전히 제곱 장사다. 제트기 중에서 가장 빠른 제트기라고나 할까?

161

정말 무서울 때도 있다. 나의 미래가 어떻게 될까 생각해 보면 어느 때는 무섭기도 하다. 나 자신이 앞으로 얼마나 더 크고 위대한 사람이 될지 상상이 되지 않는다. 내가 얼마나 더 거대한 부자가 될지 감히 상상하기도 힘들다. 부동산 임대 사업이기에 가능한 이야기다.

주식이나 펀드는 아무리 노력해도 이런 부자가 될 수 없다. 개인이 주식에 투자해서 거대한 부자가 되었다는 사례를 본 적이 있는가? 패가망신한 사람이 대부분이다. 펀드를 통해 엄청난 부자가 되었다는 사람을 본 적이 있는가? 아마 없을 것이다. 주식이나 펀드는 증권 회사의 수수료 이익을 위해 만든 상품이지, 당신 같은 개인이 부자가 되는 기회를 주기 위해 만든 상품이 절대 아니다.

기억하자. 임대 사업은 곱하기다. 임대 사업은 제트기다. 그 어떤 재테크 수단도 따라올 수 없는 곱하기이자 제트기다. 곱하기가 처음에는 눈이 띄지 않는다. 하지만 일정 시간이 지나면 장난이 아니다. 이렇게 무섭기 때문에 책이나 언론은 임대 사업을 정확하게 다루지 않는다. 대신 언론마다 주식, 예금, 부동산 매매 등은 너무나도 많이 나온다.

비밀 중의 비밀은 원래 잘 들리지 않는 법이다. 부동산 임대 사업이 있기에 나처럼 공부 못한 평범한 사람, 막걸리를 좋아하는 술꾼도 거대한 부자가 될 수 있다는 사실이 그저 놀랍고 감사할 뿐이다.

예전에 펀드에 투자했다가 크게 손해 본 경험이 감사할 따름이다. 그 손해가 없었다면 부동산에 관심을 두지 않았을 것이고, 전국 곳곳을 돌아다니지도 않았을 테니까. 주식 고수를 통해 투자했다가 큰 손해를 보고 주식에서 아예 손을 뗀 게 얼마나 고마운 일인가? 만약 내가 조금이나마 수익을 봤다면 지금 어떤 모습일까? 부자가 되는 증거를 보여 주기 위해 책을 쓰는 사람이 되었을까?

결론적으로 말하건대 나처럼 평범한 사람이 거대한 부자가 되는 유일한 방법은 부동산 임대 사업이다.

056

부동산 투자는 위험하다고?

부동산 투자는 위험하다고 말하는 사람들이 있다. 요즘은 TV 뉴스든 신문이든 부동산에 대해 어두운 기사만 나온다. 분양 시장이 완전히 얼어붙었다고 말하고, 미분양이 넘쳐난다고 말하고, 지금 부동산에 투자하면 바보라고 말한다. 지금은 부동산에 투자하지 않는 게 맞을까? 정말 그 말이 맞을까?

나 같은 부동산 전문 투자자들은 이 세상에서 가장 안전한 투자는 부동산이라고 생각한다. 대신 주식이나 펀드 같은 건 너무나 무섭다. 주식이나 펀드는 내 마음대로 움직여 주지 않는다. 그때그때 경제 상황에 따라 올라갔다 내려갔다 하지 않던가? 내 자산이 나의 의도와 다르게 자기 마음대로 움직이는 것이 싫다. 주식과 펀드는 나한테 주도권이 주어지지 않는다. 이처럼 내 맘대로 움직이지 않는다는 게 무섭다. 이런 투자가 가장 위험하다고 생각한다.

주식이나 펀드는 단기적으로는 등락이 있겠지만 시간이 지나면서 계속 오를 수밖에 없으니 투자하라고 권하는 재무설계사도 있다. 하지만 이것처럼 무책임한 말이 어디 있단 말인가? 과거에 올랐으니까 미래에도 계속 오른다는 말인가? 미래를 누가 어떻게 안단 말인가? 아직 발생하지도 않은 미래가 그 사람들 말대로 움직인다고 생각하는 것 자체가 더 위험하다고 본다.

물론 부동산이라고 다 좋고 안전하겠는가? 하지만 내가 말하는 조건에 맞는 소형 아파트 투자는 지극히 안전하다. 경제 상황에 별 영향을 받지 않을 뿐만 아니라 언제나 수요가 높다면 그것만큼 안전한 게 어디 있는가?

인기가 많아서 전세가가 계속 오를 것이고, 물가 상승에 따라 전세가가 또 오를 것이고, 전세 공급이 줄어 전세가가 또 오를 것이다. 이렇게 안전한 투자가 어디 있단 말인가?

나는 부동산에 투자할 때 이후의 매매가는 신경 쓰지 않는다. 나의 관심사는 오직 전세가다. 처음 구입한 아파트의 전세가가 오르기만 한다면 그 전세가의 상승은 나의 수익이 되는 것이고, 그 전세가의 상승이 지속된다면 이보다 행복한 투자가 어디 있단 말인가?

TV 뉴스와 신문에서 부동산 투자가 위험하다고 이야기할수록, 사람들이 부동산 투자를 무서워할수록 나 같은 전문 투

자자들은 기뻐하는 게 사실이다. 그런 분위기가 팽배할수록 나에게는 더욱더 투자의 기회가 늘어나기 때문이다.

나는 남들과 반대로 움직인다. TV 뉴스나 신문 기사와 반대로 움직이는 경우가 많다. 부동산 투자는 지극히 안전하기 때문이다. 지금까지 소형 아파트 투자만큼 안전하고 수익 높은 투자는 본 적이 없다. 덕분에 안전하고 행복하게 투자하면서 살고 있다.

재개발 재건축, 주택 조합 아파트는?

TV 뉴스를 보면 아직도 재개발 재건축에 투자하는 사람이 많은 것 같다. 참 신기하다. TV 뉴스나 신문만 열심히 봐도 재개발 재건축으로 큰돈을 버는 시대는 끝났다는 것을 어렵지 않게 파악할 텐데 말이다.

1990년대부터 2000년대까지만 해도 재개발 재건축은 막대한 수익을 창출할 수 있는 부동산 투자 수단이었다. 그래서 많은 사람들이 서울의 오래된 아파트를 사 놓고 온갖 고생을 하며 재건축을 기다렸다.

재개발도 구도심을 중심으로 일반 주택을 재개발하면 막대한 이익이 생기다 보니 오래된 일반 주택을 구입해서 재개발만 기다리는 투자도 유행했다. 실제로 그렇게 해서 큰 수익을 얻었다.

167

하지만 지금은 그런 큰 수익을 얻기 힘들다. 이런 저성장 국면에서 재개발을 시행하려는 건설 회사도 별로 없을뿐더러 혹시나 재개발 건설사를 선정한다 해도 건설사들이 위험성을 줄이기 위해 기존 주민들에게 추가부담금을 더 요구하는 상황이다. 재건축도 마찬가지다. 건설 회사는 원래 일반 분양으로 큰 수익을 얻는데 지금 경제 상황에서는 한계와 위험성이 있기 때문에 기존 아파트 주인들에게 추가부담금을 더 요구하지 않을 수가 없다.

이렇게 많은 돈이 오랜 시간 묶여야 하고, 추가부담금도 많이 납입해야 하고, 그만큼 큰 수익을 구하기도 어려운 투자를 왜 해야 한단 말인가? 큰 금액을 오랜 시간 묶어 놓고 기다린 만큼 큰 수익이 동반되어야 제대로 된 투자일 텐데 수익이 별로 크지 않다면 좋은 투자가 아니다. 하지 않는 게 훨씬 낫다.

요즘은 주택 조합 아파트에 투자하라는 광고도 많이 보인다. 그런데 주택 조합 아파트는 내부 참여자들 사이에 갈등의 소지가 많고 사업 중간중간에 예상하지 못한 문제가 많이 발생하여 스트레스가 장난이 아니라고 한다. 이런 투자는 하지 말자.

마음 편하고, 안전하고, 당당하게 투자하는 게 훨씬 낫다. 오랜 시간 기다려야 하는 투자도 하지 말자. 매해 현금을 만들어 주는 투자를 해보자. 현금 흐름이 계속 이어지는 투자가 재미있지 않을까? 난 현금 흐름이 발생하는 투자가 가장 재미있다. 다른 투자는 짜증나고 화도 난다.

나의 투자 금액이 구르고 굴러서 계속 현금을 만들어 주는 은행 같은 존재가 되는 투자! 지금까지 살아오면서 발견한 최고의 투자 방법이다.

다시 말하지만 재개발, 재건축, 주택 조합 아파트 같은 건 절대 하지 말자! 스트레스 때문에 당신의 건강한 몸과 마음이 병드는 투자일 뿐이다.

오피스텔은 분양할 때
사는 게 아니다

　요즘은 오피스텔 분양 광고가 상당히 많다. 서울 외곽 지역
뿐 아니라 수도권에서도 거리에서나 전단지를 통해 오피스텔
분양 광고를 참 많이 본다. 오피스텔 투자가 나쁜 게 아니다.
위치가 좋고 수요층이 많은 오피스텔이라면 이처럼 좋은 투자
가 어디 있겠는가?

　단, 오피스텔은 분양할 때 구입하면 안 된다. 오피스텔은 위
치가 중요하다고 말하지 않았는가? 그런데 왜 분양할 때 사지
말라는 것인가?

　내가 경험한 결과 거의 모든 오피스텔이 상당히 높은 금액
으로 분양한다. 건축비와 땅값을 모두 포함한다 해도 분양가
가 너무 높다. 아파트와 비교해 봐도 말이 안 될 정도로 비싼
가격이다. 그래서 분양하여 입주를 마치고 나면 처음 분양한

가격이 크게 떨어진다. 분양가가 워낙 높았으니 당연히 떨어지는 것이다. 결국 처음 분양할 때 오피스텔을 산 사람들은 거의 다 손해를 안고 시작한다.

오피스텔은 처음 분양할 때 사지 마라. 절대로 사지 마라. 대신 분양한 지 3-5년 후에 구입하는 것이 좋다. 그때쯤 되면 오피스텔 가격이 거의 다 떨어진다. 그때 구입해서 전세로 빌려주면 최고의 투자처가 된다.

겉모양만 번지르르한 분양 사무소의 오피스텔 견본에 현혹되어서도 안 된다. 입지 조건이 정말 좋고, 그 오피스텔 주변에 이후 개발 호재가 있다고 해도 절대로 오피스텔을 분양받아서는 안 된다. 맘에 드는 오피스텔이 있어도 무조건 3년, 4년, 5년 기다려라. 오피스텔 가격이 그렇게도 많이 떨어질 수 있다는 사실에 깜짝 놀랄 것이다.

나도 처음에는 아무것도 모른 채 오피스텔을 분양받고 나서 기뻐 어찌할 줄 몰랐지만, 그 기쁨이 몇 달 가지 못해 크나큰 후회와 경제적 아픔으로 되돌아왔다.

물론 그 아픔을 통해 많은 걸 배웠다. 그 후로 수십 채의 오피스텔을 구입했지만 모두 분양한 지 한참 지난 오피스텔을 아주 저렴한 금액으로 구입했고, 지금은 그 오피스텔이 아주 큰 보물 같은 존재가 되었다.

참고로 좀 전에 말했던 첫 오피스텔은 구입한 지 5년이 지났어도 분양가에 도달하지 못했다. 나의 오피스텔 실패 경험이

지금 이 책을 통해 당신에게 조금이나마 가르침을 전달할 수 있으면 좋겠다.

다시 한 번 강조한다.

오피스텔은 분양할 때 사지 않는 것이 좋다.

059

전세가가 오르면 매매가가 오르는 건가,
매매가가 오르면 전세가가 오르는 건가?

아파트 매매가는 미래 가치를 의미하고, 전세가는 현재의 수요와 인기를 말해 준다. 매매가 대비 전세가가 높다는 것은 그 지역의 그 아파트가 상당히 인기 있다는 것이다.

하지만 매매가가 높다는 것은 그 아파트의 인기가 높다기보다는 그 아파트의 기대치 또는 미래 가치가 높다고 판단할 만한 기준이다.

매매가 대비 전세가가 낮다면 그 아파트는 저평가되었다고 볼 수 있는 것이고, 강남이나 서초처럼 전세가 대비 매매가가 월등히 높은 지역은 오히려 고평가된 아파트라고 보면 된다.

한번 생각해 보자. 매매가가 오르면 전세가가 오를까?

정답은 아무런 관계가 없다는 것이다. 매매가가 오르는 것은 전세가와 아무 상관이 없다. 어떤 지역에 갑자기 지하철이 생

기고 기업이 들어온다면 그 지역의 향후 미래 가치가 올라가기 때문에 그 지역의 아파트 매매가도 오르게 되어 있다. 하지만 지하철은 지금이 아니라 나중에 생기는 것이고, 기업도 나중에 들어오는 것이다. 나중에 지하철이 개통되고 기업이 들어오면 오를지 몰라도 지금은 전세가가 오르지 않는다. 전세가는 현재 그 지역의 아파트 수요와 인기에 좌우되기 때문이다. 매매가가 오른다고 해서 전세가가 같이 오르는 게 아니라는 말이다.

그렇다면 전세가가 오르면 매매가가 오르는가? 이 점은 두 가지 측면에서 볼 필요가 있다. 먼저 매매가와 전세가의 차이가 큰 아파트를 보자. 매매가와 전세가의 차이가 크다는 것은 그 지역 아파트의 인기에 비해 매매가가 높고, 그만큼 아파트가 고평가되어 있다는 의미이며 집값에 거품이 많이 끼어 있다는 말이다.

이런 아파트는 전세가와 매매가가 아무 상관이 없다. 요즘 TV 뉴스와 신문에 많이 등장하는 매매가는 떨어지고 전세가는 오른다는 아파트가 바로 이런 아파트다. 매매가와 전세가의 차이가 크다는 것은 전세가가 오르건 말건 매매가와는 상관이 없다는 말이다.

하지만 매매가와 전세가의 차이가 작다면, 그 차이가 극히 작다면 이 아파트는 현재 인기에 비해 저평가되어 있다는 말이자 매매가에 거품이 없다는 의미다. 전세가가 오르면서 매매가를 밀어 올리는 경우다. 다시 말하지만 매매가 대비 전세가가 80퍼센트 이상이라면 전세가가 오르면서 매매가를 밀어 올린다는 점을 알아야 한다.

어떤가? 이제 매매가와 전세가의 상관관계를 알겠는가? 이것만 알아도 아파트를 보는 눈이 확 트이고 아파트를 선별하는 능력이 생긴다.

난 이런 구조를 몰라서 아파트 투자 초기에 많은 실패를 했다. 이 사실만 알았더라도 몇 억을 손해 보지는 않았을 텐데 말이다.

060

전세 제도는 계속 존재할까?

전세 제도는 100년 넘게 존재해 왔다. 이런 전세 제도가 사라질 가능성이 크다고 보는가? 모든 부동산이 월세로 전환될 가능성이 크다고 보는가? 절대 그렇지 않다. 모든 부동산이 월세로 바뀐다는 것은 대한민국에 공산주의 정부가 들어서지 않는 이상 불가능한 일이다.

임차인은 월세 제도보다 전세 제도를 선호한다. 매달 월세를 내는 부담이 너무나 크기 때문에 전세 제도를 선호하게 되어 있다.

임대인도 가진 돈이 많지 않기 때문에 전세 방식을 선호할 수밖에 없다. 이후에 돈이 많아지면 전세를 월세로 바꿀 수 있겠지만, 부동산에 처음 투자하는 사람이 돈이 많아야 얼마나 많겠는가? 결국 임대인이나 임차인이나 전세 제도를 선호하는 것이다. 저금리 현상 때문에 임대인이 월세로 전환한다고 하지만 전세 제도가 완전히 없어질 수는 없다.

전세 제도가 계속 유지된다면 나처럼 소액으로 소형 아파트에 투자하는 사람들에게는 투자 기회가 많아질 수밖에 없다. 솔직히 우리 같은 투자자들에게 전세 제도는 소중한 보물이다.

이런 제도가 있기 때문에 나 같은 보통 사람들, 나 같은 소액 투자자들도 단기간에 부자가 되는 것이다.

TV 뉴스나 신문에서는 전세 제도가 조만간 없어질 것처럼 말하지만 절대로 없어지지 않는다. 그렇게 없어지지 않는 게 나에게나 당신에게나 얼마나 다행한 일인가? 이 얼마나 행복한 일인가? 전세가 존재해야만 나와 당신이 부자가 될 수 있는 것이다. 만약 전세가 없어진다면 나와 당신이 부자가 될 확률은 크게 떨어질 수밖에 없다.

우리는 전세 제도가 존재하는, 그것도 전 세계에서 유일하게 존재하는 대한민국에 태어났다는 사실에 감사해야 한다. 월세 제도만 존재한다면 나도 부자가 되기 힘들었을 것이고, 당신도 나를 따라 부자가 된다는 것은 요원한 일이었을 테니까 말이다.

061

노후를
연금에만 의지한다고?

    재무 상담을 하다 보면 노후 걱정을 하는 분이 상당히 많다. 당연히 노후를 준비하려는 의지가 강하다. 그런데 대부분이 금융 상품, 즉 연금 상품만 생각한다.

    왜 그러는 걸까? 연금을 권유하는 방송 광고를 보고 그러는 것일까, 아니면 주변 사람들이 연금 받는 걸 보고 부러워서 그러는 것일까?

    예를 들어 보자. 우리 어머니는 국가에서 막대한 연금을 받는다. 아버지가 30년 넘게 교직 생활을 한 뒤 교직원연금을 받았고, 아버지가 돌아가시고 나서 유족연금을 받는데 그 금액이 상당히 크다. 게다가 어머니가 50대에 심심풀이로 가입한 국민연금도 납입액 대비 받는 금액이 의외로 크다. 한 달에 받는 금액이 300만 원 중반대다. 교직원연금과 국민연금은 매년 물가상승률에 비례해서 수령 금액이 증가하게 되어 있다. 얼마나 행복한 일인가? 이런 분은 연금으로 노후를 준비하는 게 당연하다.

하지만 일반인도 그럴까? 일반인이 공무원이나 교사처럼 금융, 즉 연금 상품으로 노후를 준비한다는 것은 턱도 없다. 정부 세금으로는 공무원이나 교사의 연금을 충당하기도 부족할 뿐더러 일반 국민에게 연금을 줘야 하는 국민연금 기금도 더욱 부족할 수밖에 없다.

이런 상황을 파악하고 많은 사람들이 보험 회사를 통해서 노후 연금을 준비하는데, 연금 상품이 물가 상승에 대비할 만한 장치가 있는가에 대해서는 고민해 봐야 한다. 내가 아는 한 보험 회사의 연금 상품으로 노후를 준비하기에는 턱없이 부족하다.

보험 회사는 당신이 많은 금액을 연금으로 준비한다 해도 정작 연금을 받을 때가 되면 당신이 준비한 돈에 비해 많은 금액을 연금으로 지급하지 않는다는 것을 알아야 한다. 그래서 나는 보험 회사의 연금 상품을 신뢰하지 않는다.

노후 준비는 그저 금융 상품인 연금에만 의지할 게 아니라 부동산, 즉 소형 아파트로 해야 한다. 그래야 제대로 노후를 준비할 수 있는 것이다.

부동산으로 노후를 준비하면 물가 상승에 따라 부동산 임대료가 같이 오르기 때문에 인플레이션을 방어할 수도 있고,

Part 02
부동산

나중에 그 소형 아파트가 폭발력을 가지고 우리가 상상하지 못한 효과를 발휘할 수도 있다. 금융 상품으로는 꿈도 꿀 수 없는 효과를 기대할 수 있는 것이다.

이제부터라도 연금으로 노후를 준비하겠다는 생각은 접어두고 소형 아파트에 집중하자.

062

지방에 부동산 투자를
하면 안 된다고?

부동산 투자를 하려면 서울과 수도권을 노려야 제대로 수익을 낸다고 말하는 사람이 대부분이다. 사람들이 서울과 수도권에 몰려드는 만큼 투자할 부동산도 많을 거라는 이유다. 지방의 부동산은 아예 관심조차 갖지 않는 사람도 보았다.

정말 맞는 말일까?

부동산은 서울과 수도권만 오르는 게 아니다. 부동산은 흐름이 있다. 서울의 부동산 가격이 오르면 수도권도 오르고 지방 도시도 오른다. 수도권보다 지방이 더 오르는 경우도 있다.

지방에 투자하는 게 나쁜 방법이 아니라는 것을 알겠는가? 서울과 수도권에 투자하려면 큰돈이 필요하지만, 지방의 경우는 1000만 원대에서 소형 아파트를 전세 끼고 살 수도 있다.

거액을 들여서 수도권 아파트를 구입하는 게 좋겠는가, 아니

면 소액으로 지방의 좋은 소형 아파트를 구입하는 게 이득이 겠는가?

소액을 들여서 지방의 소형 아파트를 구입하는 게 훨씬 좋은 결과를 낳는다는 말을 이해하는가? 수도권의 아파트를 3000만 원에 구입했다고 하자. 2년 뒤 전세 만기 때 2000만 원이 올랐다고 한다면 수익률은 69퍼센트다. 그런데 1000만 원에 산 지방 아파트의 전세가가 2년 뒤 1000만 원이 올랐다고 한다면 이 아파트의 수익률은 100퍼센트 아닌가? 자! 어떤 투자가 좋다고 생각하는가?

이 경우 적은 금액이 드는 지방의 소형 아파트가 더욱 좋은 투자 방법이다. 지방이라고 투자할 아파트가 없는 게 아니다.

수도권에 아주 적은 금액으로 투자할 만한 아파트가 있다면 이 얼마나 금상첨화겠는가? 하지만 수도권에 이런 아파트가 없거나 찾기 힘들다면 그저 수도권만 노릴 게 아니라 거대한 산업 단지를 낀 지방 도시에 들어선 소형 아파트, 즉 투자 금액이 아주 적게 드는 소형 아파트에 투자하는 게 아주 좋은 방법임을 명심하자. 지방이라고 부동산 투자를 꺼릴 일은 아니라는 것이다.

063

리스크 없는 투자가 있다고?

실제로 리스크 없는 투자라는 것은 말이 안 된다. 주식, 펀드, 부동산 모두 리스크가 있다. 세상에 리스크 없는 투자가 어디 있단 말인가? 리스크 없는 투자라는 것은 거짓말이다. 그런 투자법을 설명하는 사람들을 만나서 하라는 대로 투자했다가 큰 피해를 본 사례가 우리 주변에 얼마나 많은가?

하지만 리스크가 거의 없는 투자가 있다면 믿겠는가? 분명히 있다고 한다면 당신은 믿겠는가?

지금부터 리스크가 거의 없는 투자에 대해 말하려고 한다. 직접 투자하는 나도 처음에는 정말 리스크가 없을까 두려웠지만, 투자한 지 10여 년이 지난 지금은 리스크가 거의 없다는 사실이 그저 고마울 뿐이다.

바로 전세 끼고 소형 아파트에 투자하는 것이다. 월세를 끼고

투자하는 것도 괜찮다. 대신 소형 아파트는 무조건 괜찮다고 말하는 게 아니다. 먼저 지방이라면 그 도시에 거대한 산업 단지가 있어야 한다. 유입 인구가 많고 노인보다는 젊은 사람이 많아서 북적여야 한다. 그래야 소형 아파트가 인기를 끌 수 있다. 노인의 비율이 높아지면 도시가 활력을 잃고 유입되는 인구보다 떠나는 젊은이가 많아지기 때문에 소형 아파트나 중대형 아파트, 상가 모두 투자 가치를 잃는다. 일본의 도시들이 이러한 수순을 밟았다는 것에 대해 심각하게 생각해 봐야 한다.

또한 소형 아파트 단지가 대단지여야 한다. 대단지여야 생활이 편리하고 주변이 발달한다. 무엇보다 대단지 소형 아파트 주변에 학교가 있어야 하고, 상가가 발달해야 하고, 교통이 좋아야 하고, 학원 시설이 많아야 한다.

마지막으로 매매가 대비 전세가가 높아야 한다. 전세가는 그 아파트의 가치 척도이고 투자의 척도다. 매매가는 높은데 전세가가 낮은 아파트는 투자의 무덤이다. 아무리 좋아 보이고 새 아파트여도 전세가가 낮으면 절대 투자하지 말아야 한다. 전세가가 낮다는 것은 그 지역이 별로 인기 없다는 말이고, 살기에 불편하다는 이야기이자 투자의 대상이 되어서는 안 된다는 의미다.

수도권의 소형 아파트는 주변에 대단위 직장군이 있는지 확인해야 한다. 주변에 대단위 직장군이나 거대한 산업 단지가 있다면, 그리고 매매가 대비 전세가가 높다면 그것으로 충분하다. 수도권은 어느 지역이든 교통 시설이 좋기 때문에 위에 말한 조건만 갖추면 투자 대상으로서 안성맞춤이다.

다시 강조하지만 소형 아파트를 샀다가 몇 년 뒤에 팔거나 해서 시세 차익을 챙기는 투자를 말하는 게 아니다. 투자자에게 현금을 만들어 주는 투자를 말하는 것이다. 핵심은 현금 흐름이다. 현금 흐름이 가장 중요하다고 생각한다.

전세가와 월세가는 시간이 지남에 따라 계속 오르게 되어 있다는 것을 명심하라. 정부는 경제를 살리기 위해 계속 돈의 가치를 떨어뜨리고, 그로 인해 물가가 계속 오를 수밖에 없는 구조를 지닌 것이 바로 자본주의다. 그렇기에 소형 아파트야말로 현금 수입을 창출하는 은행 같은 역할을 하는 것이다.

나는 10여 년간 소형 아파트를 구입해 왔고, 정말 쓰레기 같은 아파트를 구입해서 지금까지 후회하는 아파트도 있다. 소형 아파트면 무조건 좋은 줄 알고 무턱대고 샀기 때문에 후회스러운 결과를 낳은 것이다. 인터넷에 있는 소형 아파트 카페에서 사라는 대로 샀더니 지금도 나를 힘들게 한다.

분명히 말하건대 인터넷에 존재하는 소형 아파트 카페에서 사라는 대로 사면 좋은 결과를 내기 힘들 것이다. 당신은 내가 말한 소형 아파트 투자 조건에 맞는 아파트를 구매하기 바란다. 그렇게 투자하면 절대로 후회하지 않을 것이다.

Part 02
부동산

185

064

언제까지
멍청한 질문만 할 것인가?

　흔히 똑똑하다는 사람들, 명문 대학 나온 사람들, 좋은 직장 다니는 사람들은 아파트 투자를 주저한다. 요즘처럼 TV 뉴스와 신문에서 부동산에 대해 부정적인 소식을 전하는 시기에는 더욱 그렇다.

　그런 사람들은 투자하기 전에 온갖 부정적인 말과 질문을 한다. 그리고 오직 TV 뉴스와 신문 기사만 믿는다. 현장에서 부동산이 어떻게 돌아가는지 모르는 채 그저 기자들이 하는 말만 신뢰한다. 그래서 아래와 같은 질문을 한다.

- 지방은 인구가 줄어드는데 어떻게 투자할 수 있는가? 지방에 투자하면 독박을 쓰는 것 아닌가?
- 수도권으로 인구가 집중되고 있지 않은가?

- 베이비부머가 은퇴하는데 부동산 투자가 맞을까? 당연히 가격이 떨어질 수밖에 없는 것 아닌가?
- 부동산 가격은 이미 정점을 찍었다고 하는데 어떻게 해야 하는가?
- 부동산 투자로 돈 버는 시대는 이미 끝났다. 지금은 역시 주식 투자가 대세 아닌가?
- 재개발 재건축에 투자해야 큰돈을 버는 것 아닌가?
- 부동산 투자라고 하면 역시 강남 아닌가? 강남불패라는 말이 괜히 생겼겠는가?
- 이제는 부동산에서 이익을 볼 수 있는 게 없지 않은가? 부동산으로 돈 버는 시대는 끝났다는데…….
- 금리가 오르면 당연히 부동산 가격은 하락하는 거 아닌가?
- 1980-1990년대나 부동산 가격이 올랐지, 지금은 오르기 힘든 거 아닌가?
- 전세가가 계속 오를 수는 없지 않겠는가?
- 서울과 수도권의 아파트 가격이 떨어진다고 하는데 아파트에 투자해도 되는 걸까?
- 내가 사는 지역이 아닌 먼 지역의 아파트를 사면 관리가 안 될 텐데 어떻게 하라는 말인가?
- 요즘은 미분양 아파트가 급증한다는데?
- 건설 회사나 정부에서 소형 아파트 공급을 늘리면 어떻게 하란 말인가?

Part 02
부동산

우리 같은 부동산 전문가가 볼 때는 정말 멍청한 질문들이다. 우리 같은 사람들은 이런 말들이 TV 뉴스와 신문 그리고 수많은 사람들의 입에서 계속 나와 주기를 바란다. 신기한 것은 이런 부정적인 말들이 정말 끊이지 않고 계속 나온다는 사실이다. 자칭 부동산 전문가라는 사람들까지 현장 상황은 알지도 못하면서 이런 말들만 되풀이하는 걸 보며 나도 놀랄 때가 많다.

이런 멍청한 질문을 계속하면 당신은 절대로 부자가 될 수 없다. 특히 공부 잘한 똑똑한 사람일수록 이런 질문들을 반복하며 부자가 되는 길에서 멀어진다. 나는 그런 사람들을 만나면 반갑다. 경쟁자가 또 없어지기 때문이다.

당신은 똑똑하면서도 멍청한 사람은 되지 마라.

065

지방은 인구가 줄어드는데
투자해도 되는가?

지방이라고 모두 인구가 줄어드는 것은 아니다. 거대한 산업
단지를 낀 도시는 오히려 인구가 증가하고 있다. 특히 젊은이
가 많아지고 있다. 요즘은 지방도 1-2인 가구가 가파르게 증가
하는 추세라 소형 아파트에 투자하는 데 별문제가 없다. 오히
려 지방은 소형 아파트의 인기가 하늘을 찔러서 좋은 소형 아
파트를 구하는 게 쉽지 않다.

나는 지방의 소형 아파트에 투자해서 생각한 것 이상으로
많은 이익을 보았다. 주변의 선배나 동료들은 지방에 아파트를
사는 것은 바보 같은 짓이라고 극구 말렸다. 그때 주변 사람들
의 말에 따랐다면 어땠을까?

처음에 지방의 소형 아파트에 투자하지 않았다면 지금의 아파트
200채는 있을 수가 없다. 거기에서 발생하는 큰 소득으로 수도권의

Part 02
부동산

좋은 아파트와 오피스텔에 투자할 수 있었기 때문이다.

그때 큰돈을 들여서 수도권의 소형 아파트를 샀다면 지금 몇 채나 가지고 있을까? 아직도 지방에는 투자할 만한 매력적인 아파트가 많다.

수도권으로 인구가
몰리는 것 아닌가?

　수도권으로 인구가 몰리는 건 맞다. 하지만 인구가 증가한다고 해서 무조건 부동산 투자에 좋다고 생각하는가?

　막대한 금액을 들여서 수도권 아파트에 투자하는 것은 미친 짓이다. 부동산 투자에서 큰돈을 넣어 두고 오랜 시간 기다리는 것만큼 바보 같은 짓은 없다. 적은 금액으로 부동산에 투자하는 게 첫 번째 목표다. 수도권에서 아주 적은 금액으로 투자할 만한 부동산을 찾는다면 이보다 더 금상첨화가 어디 있겠는가? 그런 아파트가 있다면 미친 듯이 투자해도 된다.

　하지만 그런 아파트를 찾기 힘들다면 거대한 산업 단지를 낀 지방 도시의 소형 아파트, 매매가 대비 전세가 비율이 큰 소형 아파트에 투자하는 게 훨씬 좋은 방법이다. 사람들이 몰려든다는 이유만으로 수도권만 노리는 것은 좋지 않다.

Part 02
부동산

많은 사람이 은퇴하는데
부동산 투자가 맞을까?

베이비부머가 은퇴하면 중대형 아파트 가격은 떨어질 수밖에 없겠지만 소형 아파트는 호재가 된다. 1-2인 가구가 중대형 아파트에서 살기는 힘들기 때문이다. 베이비부머의 은퇴가 소형 아파트 투자자에게는 기쁜 소식임을 알아야 한다.

베이비부머의 은퇴는 아파트 투자의 패러다임을 완전히 바꿀 것이다. 소형 아파트의 수요와 인기는 이제부터 시작이라고 봐도 된다. 소형 아파트가 얼마나 더 큰 효과를 낼지, 얼마나 더 큰 폭발력을 보일지는 시간이 지나면 알게 될 것이다.

은퇴자만 소형 아파트를 찾겠는가? 미혼의 직장인도 있을 것이고, 학생도 있을 것이고, 이혼한 사람도 있을 것이고, 아이를 하나만 낳은 부부도 있을 것 아닌가? 그래서 소형 아파트의 파괴력은 대단할 것이다.

부동산 가격은
이미 정점을 찍었을까?

부동산 가격이 정점을 찍었다고? 웃기는 이야기다. 강남 아파트나 고액 아파트는 가격이 떨어질 수 있다. 하지만 수요가 많은 지역, 인구가 계속 유입되는 지역의 소형 아파트는 가격이 계속 오를 수밖에 없다.

지금 같은 저성장 시대에 어떻게 모든 아파트가 오를 수 있겠는가? 내가 봐도 가격이 떨어질 아파트가 수두룩하다. 서울과 수도권의 많은 아파트가 가격 조정을 받을 것이다. 하지만 내가 말하는 조건을 가진 소형 아파트는 계속 오를 확률이 크다. 찾는 사람이 증가하는데 왜 가격이 오르지 않겠는가?

소형 아파트는 TV 뉴스와 신문에서 분석하는 내용과 반대로 움직인다는 것을, 부동산이 하락세라는 말과는 다르게 긍정적인 방향으로 움직인다는 것을 알아야 한다.

부동산보다는
주식이 대세 아닌가?

　솔직히 하나 물어보자. 주식에 투자해서 큰 부자가 되었다는 사람을 주변에서 본 적이 있는가? 만약 있다 해도 그 숫자가 얼마나 되는가? 부동산, 특히 소형 아파트 투자는 짧은 기간에 거대한 부자가 되는 강력한 무기다. 난 지금까지 소형 아파트처럼 엄청난 효과를 가진 투자 수단을 본 적이 없다.

　주식 투자는 내 돈을 잃을 수도 있는 무서운 것이지만, 소형 아파트 투자는 내 돈을 잃지 않으면서 끊임없이 현금 흐름을 만들어 주는 은행 같은 존재다. 주식에 투자하는 사람을 이해하지 못하겠다. 왜 그런 위험한 투자를 한단 말인가? 스트레스를 극도로 받아 가며 항상 그 주식에 신경 써야 하는데 그게 당신이 바라는 투자 방법인가? 그렇지는 않을 거 같다.

　지인 중에 주식 투자에 관심이 많은 치과의사가 있다. 지금까지 주식에 투자해서 수억 원을 잃었는데 여전히 주식 투자를 한다. 게다가 진료를 하면서도 머릿속에 주식 생각이 가득하다고 한다. 이분이 소형 아파트에 투자했다면 어땠을까? 소형 아파트에 투자하면 그보다 더 큰 수익을 내면서도 위험성은 별로 없는데 말이다. 스트레스도 없을 것이고, 매일매일 예민하게 신경 쓸 일도 없을 것이고, 오직 환자를 위해 진료에 집중할 수 있을 텐데 말이다.

주식 투자? 그건 남들이나 하라고 하자.

재개발 재건축에 투자해야
큰돈을 벌지 않을까?

분명히 말한다. 재개발 재건축으로 큰돈을 버는 시대는 끝났다. 그런 것은 아예 신경도 쓰지 말자. 그런 데 투자해서 수익을 얻겠다는 사람이 있으면 막아라. 그 사람을 돕는 길이다. 무조건 막아라. 건설 회사도 재개발 사업으로 큰 수익을 내기가 힘들어서 무턱대고 뛰어들지 않는다.

아직도 재개발 재건축을 목적으로 투자하는 분들을 보면 많이 놀란다. 조금만 더 생각해 보면 재개발 재건축에 투자하면 안 된다는 걸 뻔히 알 수 있는데 말이다.

일하느라 바빠서 분석할 만한 시간이 없었거나 아직도 재개발 재건축이 유효하다는 말을 곧이곧대로 받아들였을 것이다. 하루라도 빨리 빠져나와야 한다. 이제 재개발 재건축은 투자 대상이 아니다.

금리가 오르면
부동산은 하락하지 않을까?

　금리가 오르면 매매 수요가 줄어서 아파트 가격이 하락할 수밖에 없다. 하지만 하나만 알고 둘은 모르는 소리다.

　매매 수요가 감소한다는 것은 그 사람들이 전세로 들어가고자 한다는 것을 의미한다. 우리처럼 소형 아파트에 투자하는 사람들은 매매가는 신경 쓰지 않는다. 오직 전세 또는 월세의 상승만 기대한다. 금리가 상승하면 전세가가 오를 확률이 크다. 전세가가 오르면 집주인은 가만히 앉아서 수천만 원의 수익을 얻는다.

　금리가 올라서 불안하다고?

　그것은 아파트 매매를 목적으로 하는 사람들에게 해당하는 이야기다. 임대 목적의 투자자들은 금리가 오르는 걸 좋아한다.

솔직히 금리가 떨어져도 좋다.

금리가 떨어지면 너도나도 아파트를 사려고 해서 매매가가 크게 올라가니까 좋은 것이고, 금리가 오르면 전세가가 크게 올라서 좋은 것이다. 이보다 더 좋은 투자가 어디에 있을까? 난 금리가 오르건 내리건 항상 즐거운 마음으로 투자할 수 있다는 게 행복할 따름이다.

072

전세가가 계속
오를 수는 없지 않을까?

전세가가 계속 오를 수만은 없다고? 그렇다면 나도 하나 물어보자. 지금까지 살아오면서 물가가 떨어지는 것을 본 적이 있는가? IMF 외환 위기 때를 제외하고는 지금까지 한 번도 떨어져 본 적이 없다. 물가가 떨어지면 국가 경제에 미치는 타격이 워낙 크기 때문에 정부는 한국은행을 통해서 계속 물가를 올리는 것이다.

그렇다면 전세가는? 언젠가는 더 이상 안 오를 것 같은가? 물가가 계속 오르는데도 말인가? 시간이 갈수록 화폐가치가 계속 떨어지는데도 전세가는 안 오를 것 같은가?

또한 요즘 같은 저금리 시대에는 전세 끼고 아파트를 구입한 집주인이 월세로 전환하는 경우가 아주 많다. 그 바람에 전세 공급이 가파르게 감소하는 추세다. 하지만 전세 수요는 똑

Part 02.
부동산

같거나 오히려 증가한다면 전세가가 어떻게 될 것 같은가?

더불어 인기가 많은 지역이라면? 인기가 많은 지역의 소형 아파트라면? 결론적으로 전세가는 한 번 정해진 이상 떨어지는 일은 거의 없다. 얼마나 빨리 오르느냐, 천천히 오르느냐의 문제라고 봐야 한다.

전세가가 계속 오를 수는 없다는 주장은 그냥 무시하자.

073

부동산으로 돈 버는 시대는
끝났을까?

부동산으로 돈 버는 시대는 끝났다. 요즘 이런 이야기가 여러 매체를 통해 전파되고 있다. 매매가 거의 일어나지 않는 데다 미분양은 넘쳐나고 대출 규제마저 심해지는 터라 부동산 시장이 완전히 얼었다는 말도 나온다. 상황이 이렇다 보니 부동산으로 돈 버는 시대는 끝났다는 말이 나올 수밖에 없는 것 아니겠는가?

정말 부동산으로 돈 버는 시대는 끝난 것일까?

부동산 매매를 통해서 돈을 벌고자 하는 사람에게는 맞는 이야기다. 부동산을 매매하면 그 후에 가격이 올라서 다시 팔 때 이익을 챙길 수 있어야 하고, 나중에 산 사람도 그 부동산 가격이 계속 올라야 매매를 통해 수익을 얻을 것 아닌가? 지금은 매매도 이루어지지 않을뿐더러 가격이 떨어지는 경우가

부지기수인데 어떻게 매매를 통해 수익을 구할 수 있겠는가?

하지만 나 같은 임대 목적 투자자에게는 부동산만큼 매력적인 수단이 없다. 부동산, 특히 소형 아파트라는 존재가 감사할 따름이다. 임대 목적의 투자자들은 아직도 소형 아파트로 막대한 돈을 벌 수 있다는 것을 안다. 매매는 관심조차 없다. 아파트를 전세 또는 월세로 빌려주는 데만 관심이 있을 뿐이다.

요즘 같은 부동산 불황 시대에 좋은 소형 아파트를 싸게 사서 높은 가격에 전세를 주면 2년 뒤 전세가가 또 오르면서 전세 보증금 상승분으로 수익을 얻을 수 있다. 그 수익으로 소형 아파트를 또 사거나 돈이 필요한 일에 쓰면 된다.

무엇보다 전세가 상승이 한 번으로 끝나지 않는다. 절대 아니다. 2년마다 전세가는 오르고, 또 오른다. 전세라는 임대를 통해 죽을 때까지 수익을 낼 수 있다는 말이다.

나처럼 현금 흐름이 끊어지지 않는 구조를 갖춘 투자자는 아파트 매매를 통한 수익 따위에 관심도 두지 않는다. 부동산 시장은 죽었다고 말하는 뉴스에 휘둘리지도 않는다. 부동산 시장이 죽어도 임대, 즉 전세는 계속 오를 수밖에 없고, 전세로 아파트를 빌려준 나는 시간이 아무리 지나도 세입자에게는 왕 같은 존재일 수밖에 없기 때문이다.

대부분의 사람들이 생각하는 부동산 투자 마인드에서 완전히 벗어나야 한다. 무슨 아파트를 얼마에 사서 얼마에 팔았고, 그래서 얼마를 벌었다는 말들은 아마추어 투자자나 하는 소리라는 것을 알아야 한다.

200여 채의 아파트를 가지고 있다 보니 주변 공인중개사나 법무사들이 언제 팔아서 수익을 얻느냐고 물어본다. 그때마다 죽을 때까지 팔지 않는다고 대답하면 다들 고개를 갸우뚱한다. 아파트를 안 파는데 어떻게 수익을 얻느냐고 궁금해하는 것이다.

바로 이렇게 매매로 수익을 얻는다고 생각하는 공인중개사, 법무사 그리고 내 집에 전세 사는 많은 사람들 덕분에 난 점점 더 부자가 되고 있다. 이러한 사람들이 전체 국민 중 몇 퍼센트나 될까? 99퍼센트 이상 아닐까?

99퍼센트의 사람들 덕분에 내가 부자가 된다고 생각해 보라. 난 가끔 전율을 느낀다. 내가 지금 같은 부동산 침체기에 계속 부자가 되어 가는 것은 남들과 다르게 생각하기 때문이다. 보통 사람들의 부동산 투자 마인드에서 완전히 벗어나 전세 수익을 얻는다는 발상이 나를 부자로 만들어 준다. 나의 노동을 통해 부자가 되는 게 아니라 남다른 부동산 마인드로 더 큰 부자가 되어 가는 것이다.

TV 뉴스나 신문에서 부동산이 침체하고 있다는 기사가 실릴수록 반갑다. 어두운 뉴스가 많이 나올수록 보통 사람들은 아파트를 사려 하지 않을 것이고, 대신 내가 구입할 수 있기 때문이다. 아파트를 사지 않고 전세로 거주하면 전세 수요가 더욱더 증가하고, 당연히 전세가는 더 오를 수밖에 없다.

어떤가? 나는 가만히 앉아서 아파트를 더 낮은 금액에 구입할 수 있는 한편, 전세가는 전세가대로 계속 올라서 더 큰 수익을 올리지 않는가?

그래서 부자는 이렇게 어려운 시기에 더 큰 부자가 되는가 보다.

074

미분양 아파트가 급증한다는데?

   나는 미분양 아파트는 권하지 않는다. 미분양이 될 정도로 인기가 없거나 너무 비싼 아파트는 사는 게 아니다.

   우리가 집중하는 것은 보통 사람들에게 인기가 아주 많은 아파트, 수요가 끊임없는 아파트, 인구 유입이 많은 지역의 아파트를 아주 적은 금액으로 사들이는 것이다. 이런 아파트 투자가 미분양이 증가하는 것과 무슨 상관이 있단 말인가?

   요즘 같은 시대에 미분양 아파트를 사는 것은 자기 돈을 그냥 박아 두겠다는 말과 똑같다. 지금은 부동산 불황기다. 이런 때는 아파트를 함부로 사면 안 된다.

   아파트를 투자 개념으로 산다면 당연히 내가 말하는 최적의 조건을 가진 소형 아파트를 선택하는 게 맞다.

   거주 목적이라면 미분양 아파트를 사도 괜찮은 거 아니냐고

물어보는 사람들에게도 난 분명히 말한다. 거주 목적이라 하더라도 미분양 아파트는 절대 안 된다고.

미분양 아파트를 30퍼센트 이상 할인해서 분양하는 경우가 있는데 이런 것도 절대 구입하면 안 된다. 아파트는 소액으로 짓는 게 아니다. 적어도 몇 억 이상은 투입해야 하는 큰 단위의 투자인 만큼 크게 할인한다고 덥석 사면 평생 후회할 수도 있다.

미분양 아파트는 투자하거나 거주하기에 적합하지 않아서 선택받지 못한 것이다. 당연히 투자 대상에서 제외된다. 그런데 거주 목적으로는 괜찮으냐고? 당연히 아니다. 거주 목적으로 싸게 구입한다 해도 보통 그 아파트에서 평생 살지는 않는다. 언젠가는 팔아야 하는데 그때 잘 팔리겠냐는 문제가 생긴다. 또한 거주 목적의 아파트는 살기 편하고 주변에 학교 시설과 상업 시설이 많아야 하는데 미분양 아파트는 그렇지 못할 확률이 크다.

싼 게 비지떡이다. 사람들에게 선택받지 못했다면 그럴 만한 이유가 있는 것이다. 아무리 싸도 미분양 아파트는 절대 사지 말자.

075

건설 회사나 정부에서 소형 아파트
공급을 늘리면 어떻게 되는가?

소형 아파트는 중대형 아파트보다 건축비가 월등히 많이 든다. 더 작은 공간에 넣어야 할 것을 모두 넣어야 하기 때문이다. 그런데 건설 회사가 소형 아파트에 그렇게 비싼 건축비를 들이고 나서 비싼 가격에 팔 수 있을 것 같은가? 어림없는 소리다. 서민용 소형 아파트를 어떻게 비싼 가격에 판단 말인가? 건설 회사는 소형 아파트를 꺼릴 수밖에 없다.

정부에서 소형 아파트를 지으라고 만든 공기업이 한국토지주택공사다. 그런데 한국토지주택공사의 부채가 어마어마하다. 우리가 생각하는 것 이상이다. 하루에 지급하는 이자만 해도 엄청난 금액이다. 이런 상황에서 한국토지주택공사가 소형 아파트, 임대 아파트를 충분히 공급할 거라고 생각하는가? 그렇게 많은 부채를 가지고 말이다.

Part 02
부동산

정부도 한정된 재원을 가지고 소형 아파트를 많이 짓는다는 것은 어렵다는 사실을 잘 안다. 현실적으로 소형 아파트 공급은 늘어나기가 힘들다.

어떤가? 지금도 건설 회사나 정부에서 소형 아파트 공급을 늘릴 수 있다고 생각하는가?

076

부동산 투자는 역시 강남 아닌가?

부동산 투자하면 강남, 서초, 반포 같은 노른자위 부동산을 의미하던 시절이 있었다. 사실 지금도 이 지역에 투자해야 한다는 전문가나 일반인이 상당히 많다.

당신도 그렇게 생각하는가?

나는 생각이 다르다. 소액을 투자하여 빠르게 회수한 뒤 그 돈으로 또 다른 부동산에 투자할 수 있어야 한다고 생각한다. 강남이 최고의 투자 지역이라 하더라도 나 같은 부동산 투자자에게는 오히려 피해야 할 지역일 수도 있다.

두 가지 투자 방법에 대해 이야기해 보자.

첫 번째, 매매가 1억 5000만 원에 전세가가 1억 4000만 원인 지방의 아파트에 투자했다고 해 보자. 이 경우 매매가에서 전세가를 뺀 1000만 원을 가지고 투자한 것이다. 두 번째는 매매

가 5억 원에 전세가가 3억 5000만 원인 서울 강남의 아파트에 투자했다고 해 보자. 이 아파트에 투자한 금액은 1억 5000만 원이다.

자! 두 가지 중 어느 쪽이 현명한 투자라고 생각하는가?

대부분의 사람들은 강남에 투자한 쪽이 대단하다고 칭찬할 것이다. 어떻게 강남에 투자할 생각을 다 했냐고, 대한민국 최고 지역의 아파트에 투자했다고 놀라워할 것이다. 나도 부동산에 대해 잘 모를 때는 그랬으니까.

하지만 실제로 좋은 투자 방법은 첫 번째라고 생각한다. 투입한 금액을 바로 회수하는 것이 최고의 투자라고 생각하기 때문이다. 전세 만기인 2년이 지났을 때 지방 아파트의 전세가가 1000만 원 오르는 게 쉽겠는가, 아니면 서울 강남 아파트 전세가가 1억 5000만 원 오르는 게 쉽겠는가?

아무리 부동산을 모른다 해도 서울 강남의 전세가가 2년 만에 1억 5000만 원 이상 오르리라고는 생각하기 힘들다. 하지만 지방 아파트의 전세가가 1000만 원 오르는 것은 아주 쉽게 경험할 수 있다. 게다가 매매가 대비 전세가가 이렇게 높다는 것은 그 아파트의 인기가 아주 높다는 증거일 테니까 전세가 1000만 원 오르는 것은 쉬운 일 아니겠는가?

이런 이유 때문에 지방의 아파트가 강남의 아파트보다 훨씬 더 좋은 투자 대상이라고 주장하는 것이다.

게다가 이제는 강남의 재건축이나 재개발로 인한 높은 수익을 구하기도 힘든 시대다. 언제까지 강남의 재개발, 재건축을 기대하고 투자한단 말인가?

미래를 보고 투자하는 시대는 이미 지났다. 1980년대와 1990년대는 미래의 개발 호재를 노리고 투자했지만 지금은 너무나 무모한 짓이다. 미래의 개발 호재라는 것이 요즘의 경제 상황과 맞지 않을뿐더러 설령 개발된다 해도 예전 같은 시세 상승을 기대하기는 힘들다는 것을 알아야 한다.

강남에 투자하겠다고? 그건 돈 많은 사람이나 머릿속에 재무 지식이 없는 사람들에게 맡겨라. 강남 투자는 그런 사람들이 하면 된다.

우리처럼 제대로 투자하는 사람들은 내가 말한 최고의 조건을 가진 지방의 소형 아파트에 투자하거나, 아니면 아주 좋은 조건을 가진 수도권의 소형 아파트 또는 오피스텔에 투자하는 게 최고라고 생각한다.

Part 02
부동산

077

노후에도 할 일이 있다

대부분의 사람들이 노후에는 일이 없어 힘들다고 한다. 생활고, 고독고, 빈곤고 등이 노후에 겪는 아픔이라고 한다. 그중 고독고가 가장 견디기 힘들다고 하는데, 그래서인지 노인들이 그 고통을 견디지 못하고 스스로 목숨을 끊는 경우가 많다.

우리 아버지도 교직에서 물러난 뒤 일거리를 알아보았지만 아무도 받아 주지 않았다. 집 바로 옆 주유소를 찾아가 임금도 필요 없으니 그냥 일만 하게 해 달라고 했지만 거절당했고, 사무직 같은 일은 아예 구할 수도 없었다. 그만큼 노후에 일한다는 것, 소일거리를 갖는다는 것이 힘든 시대다. 우리 아버지만의 일이겠는가? 동시대를 사는 모든 노인의 문제이고 이 시대의 큰 문제 아니겠는가?

우리도 이렇게 살아야 할까? 노후에는 할 일이 없는 것을 당연시하고, 수입이 적으니 항상 아껴서 살아야만 하고, 돈이 별로 없으니 사람을 만나고 싶어도 잘 만날 수 없는 상황을 그저 당연하게 여겨야만 하는 것인가?

노후 문제를 한 번에 해결하는 방법이 있다. 당신이 부동산임대사업자가 되는 것이다. 남에게 아파트를 빌려주고 월세나 전세를 받는 사업자가 되라는 것이다.

당신이 임대사업자가 되면 노후에 일하고 싶지 않아도 할 수밖에 없다. 아파트를 빌려주고 관리하고 해야 하기 때문에 일을 안 할 수가 없다. 그 일이라는 것이 육체노동이 아니라 뇌를 움직이는 것이기에 치매 예방에도 좋고 몸도 힘들지 않다. 게다가 한 번쯤 아파트에 직접 가야 할 일이 생긴다면 가족과 함께 가서 일도 보고, 주변 맛집을 찾아 좋은 음식도 먹고, 주변 지역을 관광할 수도 있지 않겠는가?

또한 임대 사업을 하면 계속 수입이 생기니까 돈 걱정 없이 쓰고 살 수 있고, 친구들도 맘대로 만날 수 있고, 쇼핑도 실컷할 수 있고, 할리데이비드슨을 타고 지방 투어도 할 수 있으니이 얼마나 좋은 인생인가?

당신은 임대사업자로 살고 싶지 않은가? 지금 당신은 별걱정 없이 노후를 보낼 것 같은가? 아니다, 대부분의 사람들은 노후에 힘들 수밖에 없다. 일을 갖기도 힘들다.

임대사업자가 되어 보자. 죽기 전까지 돈 걱정 없이 일하면서 재미있게 살아 보자.

213

078

아파트 매매가가 오르면
전세가도 오를까?

아파트 매매가가 오르면 전세가도 따라서 오른다고 말하는 전문가들이 있는데 틀린 말이다.

아파트 매매가가 오른다고 전세가가 오르는 것은 절대 아니다. 매매가는 그 아파트의 미래 가치를 의미한다. 매매가가 오르면 전세가도 오른다고 볼 수 없다.

전세가는 현재의 수요와 인기를 의미한다. 전세가 대비 매매가 비율이 높은 아파트는 인기가 아주 높은 것이다. 다시 말해 아파트 매매가 대비 전세가 비율이 80퍼센트 이상이라면 그 지역은 학원 시설이 많고 교통이 좋고 상가 시설이 잘 갖춰졌기 때문에 인기가 높을 테고, 그래서 전세가 비율이 높은 것이다. 이런 아파트는 전세가가 오르면서 매매가를 밀어 올린다.

매매가와 전세가의 차이가 작다는 것은 아파트 가격에 거품이 거의 없다는 말과 같다. 거품이 없기에 전세가가 오르면서 바로 매매가를 밀어 올린다.

하지만 매매가와 전세가의 차이가 크다면, 즉 매매가 대비 전세가의 비율이 낮다면 그 아파트는 인기가 별로 없다는 것이고, 실제 수요보다 가격이 고평가되어 있다는 말이고, 그러므로 아파트 가격에 거품이 많다는 이야기다. 이런 아파트는 전세가가 올라도 매매가가 같이 오르지 않는다. 거품이 많기 때문에 매매가가 떨어질 가능성이 아주 높다. 요즘 가격이 많이 떨어진 아파트는 대부분 이런 경우다.

다시 말하지만 아파트 매매가가 오른다고 전세가가 오르지는 않는다. 대신 전세가율이 높은 아파트는 전세가가 오르면서 매매가를 밀어 올린다. 전세가율이 낮은 아파트는 매매가와 전세가의 연관성이 없을뿐더러 매매가가 떨어질 확률이 높다는 것을 알아야 한다.

079

장기 보유인가,
단기에 팔아야 하는가?

대부분의 사람들이 부동산 투자는 싸게 사서 비싸게 파는 거라고 생각한다. 아파트를 싸게 사서 3년이나 5년 후에 비싸게 파는 것 말이다. 지금껏 그렇게 하는 것이 부동산 투자라고 배웠다.

나는 그렇게 생각하지 않는다. 부동산 투자는 3년 5년을 기다렸다가 파는 게 아니라 10년 20년 30년 계속 가지고 있어야 한다. 계속 가지고 있으면 임대 수익도 계속 늘어날 것이고, 그렇게 늘어난 임대 수익을 가지고 또 다른 부동산에 투자하거나 생활을 영위하는 것이다. 계속되는 임대 수입이 당신의 삶에 꿈과 희망과 여유를 제공한다.

하지만 부동산을 구입해서 일정한 시세 차익을 얻고 팔아버리면, 그 시세 차익만 얻을 뿐 그 이후에는 어떠한 수입도 발생하지 않는다.

부동산을 오래 보유하면서 임대 수익을 얻다 보면 갑자기 시세가 크게 뛰는 경우도 생긴다. 당신의 부동산 투자에 또 하나의 행운이 주어진 것이다. 실제로 부동산을 구입했다가 일정한 수익을 얻고 팔아 버린 사람들 중에 팔고 나자 시세가 상상 이상으로 크게 올라서 후회하는 경우가 많다.

나도 그런 일이 많다. 지방의 아파트를 샀는데 5-6년이 지나도 가격이 오르지 않아서 팔아 버려야겠다 생각하며 그냥 가지고 있었더니 7-8년째 가격이 폭등한 적도 있다. 그 아파트를 팔았더라면 얼마나 후회했을까?

나는 부동산을 단기 투자 대상으로 보지 않는다. 부동산을 샀으면 무조건 오래오래 가지고 있어야 한다. 당신에게 거대한 행운이 찾아올 것이다.

080

소형 아파트는
초고속으로 부자가 되는 길이다

대부분의 사람들은 열심히 돈을 모아서 아파트를 사고 아이들 교육시키고 생활비를 충당하고 남은 돈으로 투자한다고 생각한다. 부모님 세대나 지금 세대나 똑같은 생각인 것 같다. 정말 이렇게 하면 부자가 될 수 있을까?

예전에야 하루가 다르게 물가가 치솟지도 않는 데다 은행 이자가 높아서 단기간에 목표한 돈을 모을 수 있었다. 그 돈으로 부동산에 투자할 경우 부동산 가격이 빠르게 올라서 수익을 내기도 쉬웠다.

하지만 지금은 어디 그런가? 은행 이자가 물가 상승을 아예 따라가지도 못하고, 부동산 투자로 수익을 내기도 너무나 힘든 시대다. 아파트에 투자해 봤자 떨어지지 않으면 다행이라며 전세나 월세를 고집하는 사람들이 점점 늘어난다. 이런 상황에서 월급쟁이가 부자가 된다는 것은 너무나 요원한 이야기로 들리는 게 당연하지 않겠는가?

하지만 내가 말하는 대로 유망한 지역의 소형 아파트를 사서 임대하면 그 아파트가 당신을 위해 살아 움직이며 현금을 만들어 준다. 매년 소형 아파트가 만들어 주는 현금으로 또 다른 소형 아파트를 구입하면서 막강한 부를 이루는 것이다.

소형 아파트 한 채 두 채 가지고는 부자가 될 수 없다. 한두 채만으로 큰 효과를 내기는 힘들다. 하지만 아파트가 여러 채로 늘어나면 부자가 되는 것도 제곱의 속도로 빨라진다. 한 채를 가진 사람은 1의 제곱 속도로, 두 채를 가진 사람은 2의 제곱 속도로, 네 채는 4의 제곱 속도로, 열 채는 10의 제곱 속도로 부자 되는 속도가 빨라진다. 분명히 말하지만 제곱의 속도다. 덧셈의 속도가 아니라 제곱의 속도다.

소형 아파트 투자에서 가장 중요한 것은 하루라도 빨리 아파트를 늘려나가는 것이다. 새로 지은 아주 좋은 아파트를 비싸게 사서 더 높은 가격에 파는 것은 이제 피해야 한다. 오직 내가 말하는 것처럼 소액으로 소형 아파트를 늘려나가는 데만 집중해야 한다.

소유한 아파트가 늘어나면 늘어날수록 아주 빠른 시간에 거대한 부자가 될 것이고, 인생의 주인이 될 것이고, 삶의 자유를 만끽하며 살아갈 것이다.

아직도 경매를 권하고, 좋은 땅을 사라고 하고, NPL(Non

Performing Loan, 부실 채권) 투자를 하라고 하는데, 소형 아파트의 힘이 얼마나 큰지 몰라서 하는 소리다.

소형 아파트만큼 막대한 힘을 가진 투자법이 있느냐고 물어본다면 바로 대답할 수 있다. 일반적인 부동산 투자법이 수류탄의 효과를 가졌다면 소형 아파트는 핵폭탄의 위력을 발휘한다고.

제발 부탁이다. 다른 부동산 투자는 신경 쓰지도 말고 소액으로 소형 아파트에 투자하는 데만 집중하자. 그리고 소형 아파트를 하루라도 빨리 늘려나가는 데만 집중하자. 훗날 당신의 인생이 소형 아파트를 통해 갑작스럽게 변하는 것을 보며 그 힘이 얼마나 위대한지 뼛속 깊이 깨달을 날이 찾아올 것이다.

소형 아파트를 최대한 빨리 늘려나가자. 부탁이다.

081

소형 아파트는
현재와 미래를 보장한다

미래의 수익률을 보장해 주는 부동산은 많다. 얼마를 투자하면 미래에 월세 얼마를 받는다는 둥, 나중에 시세 차익이 얼마 생길 거라는 둥, 1억에 아파트 네 채를 살 수 있다라는 둥 거리를 걷다 보면 수익을 보장해 준다는 부동산 투자 전단지도 쉽게 볼 수 있다.

정말 그럴까? 그렇게 좋은 투자라면 광고하는 사람들이 직접 할 것이지 왜 남들에게 하라고 하는 것일까? 그게 사실이라면 나도 미친 듯이 투자하고 싶다. 하지만 이성이 있다면 알것이다. 이런 광고는 실제와 다르다는 것을.

얼마나 인기가 없고 수요가 없으면 그렇게 광고하겠는가? 나중에 얼마의 시세 차익이 생길 거라는 예상이지 그것을 보장해 주는 건 아니지 않은가? 광고하는 사람들에게 직접 물어보

라. 나중에 그 정도의 수익이 발생하지 않으면 그 모자란 만큼 지급해 줄 거냐고. 그렇게 한다고 말하는 사람이 얼마나 있겠는가?

1억에 네 채를 산다고 말한 곳에 가 보라. 정말 그 말이 맞는지. 대출을 잔뜩 껴야 할 것이고, 그렇게 네 채를 산들 수익이 생길지도 의문이다. 이러한 광고는 믿을 게 아니다. 절대로 아니다.

하지만 우리가 투자하는 소형 아파트는 일반인들에게 인기가 아주 높다. 부동산꾼들이 말하는 보물이 바로 소형 아파트다. 매매가와 전세가의 차이가 거의 없기 때문에 아무리 경기가 좋지 않아도 매매가와 전세가가 떨어질 확률이 아주 낮다. 또한 우리가 투자하는 소형 아파트는 전세를 들어오려는 사람이 많기 때문에 전세가가 떨어지기는커녕 시간이 지나면서 계속 오를 수밖에 없다. 아무리 경제가 안 좋아도 손해 볼 확률은 거의 없고 계속 전세가가 오르면서 그 상승분만큼 이득이 발생한다.

이렇게 확실한 수익을 보장하는 부동산 투자가 어디 있단 말인가? 시간이 지나고 경제가 위험한 상황에 치닫는다 해도 위험이나 불안을 느낄 필요가 전혀 없는 것 또한 행복한 일이다. 무슨 일이 생기든 매년 현금이 발생하니 얼마나 위대한 투자인가?

소형 아파트 투자는 미래의 안정된 수익을 보장할 뿐만 아니라 현재도 보장을 하고 위험성도 거의 없다. 지금까지 수많은 투자를 해 봤지만 소형 아파트처럼 위험성이 없으면서 수익을 보장하는 투자법은 본 적이 없다.

다시 한 번 강조하지만, 소형 아파트 투자는 현재와 미래를 보장한다.

082

소형 아파트는
외부 환경의 영향을 안 받는다

소형 아파트는 참 무서운 존재다. 수익이 상상외로 굉장히 크기 때문이다. 소형 아파트가 아닌 부동산 투자는 아예 생각하지도 않는다.

소형 아파트의 무서운 장점은 외부 환경의 영향을 받지 않는다는 것이다. 한 나라의 경제 상황, 금융 상황에 따라 그리고 세계 경제나 정부 정책 같은 환경에 따라 주식 시장이 요동치거나 불안한 모습을 보이는 경우가 상당히 많다.

소형 아파트는 이런 외부 환경에 별 영향을 받지 않는다. 소형 아파트는 내가 거주하는 게 아니라 남에게 전세 주기 위해서 구입한 것이고, 전세가 상승 금액이 아무리 적다고 하더라도 은행 이자보다 월등히 많을 수밖에 없는 구조일 뿐 아니라 공급이 수요보다 월등히 적다. 여기에 1-2인 가구가 급속도로 증가하여 소형 아파트의 공급이 따라가지 못하는 상황이니 당연히 외부 환경의 영향을 받기란 더욱 어려운 현실이다.

대한민국은 금리가 오르건 내리건, 주가가 오르건 내리건 상관없이 소형 아파트의 전세가는 큰 폭으로 오를 것이다. 요즘 전세가가 수천만 원씩 오르는 것도 전혀 놀랄 일이 아니다.

어떤가? 지금까지 소형 아파트처럼 외부 환경의 영향을 받지 않는 투자를 해 본 적이 있는가? 이렇게 안전한 투자를 해 본 적이 있는가?

지금까지 주식 투자, 펀드 투자, 경매 투자 등을 해 왔지만 환경에 따른 변수 때문에 스트레스가 장난이 아니었다. 그렇게 스트레스를 받으면서 수익이라도 발생한다면 모를까 오히려 마이너스 수익에 잠을 설친 경우도 허다하다. 사기를 당해서 거액을 잃기도 했다.

하지만 소형 아파트는 이런 위험이 없다. 소형 아파트에 투자하면 남에게 사기당할 일도 없을 것이고, 주변 상황에 따라 전세가가 오르내리는 일 없이 물가 상승에 비례해서 계속 오를 테니 스트레스를 받을 일도 거의 없다. 소형 아파트에 사는 세입자와 싸울 일도 없다.

이보다 좋은 투자가 어디 있는가? 신기원에 가까운 투자 아닌가? 이보다 더 좋은 투자 방법은 세상에 없다고 생각한다.

083

부동산 전문가도 고통받는다

TV 방송이나 신문을 보면 부동산 전문가마다 여러 가지 견해를 내놓는다. 이럴 때는 이렇게 투자하라, 저런 경우는 저렇게 투자하라, 어떻게 투자하면 망한다, 나의 투자법이 최고다 하고 다양한 의견을 말한다.

이들 부동산 전문가 자신은 제대로 투자한다고 생각하는가? 이들이 정말 부자라고 생각하는가?

예를 들어 보자. 예전에 부동산 경매 분야에서 아주 유명한 분의 강의를 들은 적이 있다. 이분이 지금까지의 활약상과 보유한 부동산을 이야기하는데 정말 입이 벌어지지 않을 수 없을 정도로 대단했다. 함께 수업을 받은 모든 사람이 놀라움을 금할 수 없었을 것이다.

그런데 우리는 하나만 알고 둘은 몰랐다. 이분이 사들인 부동산은 거의 다 없어진 데다 다른 분야에 잘못 투자해서 큰 손해를 보는 바람에 지금 부동산 경매 강의를 하지 않으면 생활하기도 힘들다는 것을 우연히 알았다.

다른 부동산 전문가도 마찬가지다. 잘못된 투자로 인해 엄청난 고통을 받는 사람이 많다. 생활비 대기도 힘든 경우가 허다하다. 그들은 어디에 있는 어떤 부동산을 구입해서 몇 년 뒤 호재가 생기면 시세 차익을 보고 팔겠다는 생각으로 투자한다. 그런데 호재라는 것이 우리의 생각처럼 발생하면 좋으련만 요즘 같은 저성장 시대에 호재라는 게 잘 생길 리 만무하다.

결국 투자한 부동산이 오르기는커녕 구입한 가격보다 떨어지고, 당연히 그 부동산을 사겠다는 사람도 별로 없어서 나중에는 그 부동산을 사느라고 받은 대출금을 갚지 못해 경매로 빼앗기는 경우가 많다.

부동산이 자기 생각대로 흘러가야 하는데 오히려 그 반대가 되었으니 얼마나 힘들겠는가? 그런데 투자를 어떻게 잘못했는가를 반성하는 게 아니라 정부 정책을 비난하고 주변 환경을 탓하고 자신은 운이 없다고만 말한다. 정말 맞는 말일까?

어떠한 환경, 어떠한 부동산 정책에도 살아남을 수 있는 오뚝이 같은 부동산에 투자하는 게 맞지 않을까? 지금은 1980년대, 1990년대처럼 고성장 시대가 아니다. 아무 부동산이나 투자해 놓으면 개발 호재로 인해 가격이 크게 오르는 시대가 아니란 말이다. 그런데도 부동산 전문가들은 이런 변화를 읽지 못한

Part 02 부동산

채 예전 방식대로만 투자하고 있다. 예전에 인기를 누리던 부동산 경매로 빌라에 투자한 걸 지금 경매 학원에서 가르치는 게 옳다고 생각하는가?

수도권의 소형 아파트를 2000만 원대에 산다고 하면 말도 안 된다며 펄쩍 뛰는 부동산 전문가도 있다. 이런 아파트는 깡통 전세라면서 다그치는 경우도 있다. 깡통 전세를 사면 완전히 망한다면서 협박하는 사람도 있다.

나는 묻고 싶다. 깡통 전세와 우리의 투자법이 어떻게 다른지 제대로 알고서 말하는 것인지, 제대로 된 부동산 투자라는 게 뭔지 알고 말하는 것인지, 우리가 하는 투자를 배워 보려고 나 했는지, 우리처럼 직접 현장에서 뛰어 보기나 했는지, 현장의 흐름이 어떻게 흘러가는지 파악이나 했는지 말이다.

그런 것은 아무것도 모르면서 교과서에 나온 이야기, 신문에 나온 이야기를 가지고 이론만 되풀이하는 것 같다. 어쩌면 이런 자칭 전문가가 많아서 나 같은 사람이 더 큰 부자가 되는 것이기에 감사할 따름이지만, 이건 정말 문제가 많다.

084

소형 아파트 100채를 목표로 하라

이런 이야기를 하면 어떻게 아파트 100채를 모으란 말이냐고 반문할 것이다. 아파트 한 채 두 채도 아니고 어떻게 100채를 만들라는 거냐고 화내는 분도 있을 것이다.

맞다. 나 역시 처음 투자할 때는 열 채만 모아도 기적이라고 생각했으니까. 일반인의 기준으로 생각한다면 100채를 목표로 하라는 것은 당연히 말이 안 된다. 미친 사람의 이야기라고 오해할 수도 있을 것이다.

그런데 잘 생각해 보자. 지방이나 수도권에 전세를 끼고 1000만 원대로 구입할 수 있는 아파트가 있다. 매월 60만 원씩 모으면 2년마다 소형 아파트 한 채를 살 수 있는 것이다. 이렇게 구입한 소형 아파트는 가만히 있는 것이 아니라 전세 만기 2년마다 전세가가 1000만 원 이상 상승한다. 이 상승분으

로 소형 아파트를 또 살 수 있다. 당신의 돈이 아니라 전세입자의 돈으로 말이다.

2년마다 당신이 모은 돈으로 소형 아파트를 구입하고, 당신이 이미 구입한 소형 아파트는 또 다른 소형 아파트를 저절로 만들어 준다. 이런 식으로 15년 안에 소형 아파트 100채를 구입할 수 있다.

나는 소형 아파트에 투자해서 5년 만에 100채를 만들었다. 보험설계사로서 영업 일을 할 때였으니 100채를 만들기 위해 얼마나 죽도록 일했겠는가? 항암 치료까지 하면서 미친 듯이 일했다. 소형 아파트 100채를 너무나도 만들고 싶어서 말이다.

미친 듯이 아파트를 사 모으면서 온몸에 전율을 느낄 정도로 무서운 사실을 알았다. 내가 열심히 일해서 모은 돈으로 소형 아파트를 사는 속도보다 내가 기존에 가지고 있는 소형 아파트의 전세가 상승분으로 저절로 구입하게 되는 소형 아파트 구입 속도가 월등히 빠르다는 것이다.

한 채가 두 채가 되고, 두 채가 네 채가 되고, 네 채가 여덟 채가 되었다. 그것도 저절로 말이다. 내 돈 한 푼 들이지 않고 가속도가 붙어서 미친 듯이 증가하는 걸 보고 미치는 줄 알았다. 보통 사람인 당신이 소형 아파트 100채를 가질 수 있다는 증거가 바로 나이고, 나의 회원들이다. 한 채에서 시작하여 불과 3년 만에 40여 채, 2년 만에 30여 채를 가진 회원이 아주 많다.

100채를 목표로 하라. 당신 자신의 거대한 모습에 놀랄 것이다. 그리고 세상이 달라 보일 것이다. 모든 것이 당신을 중심으로 돌아가게 된다.

당신은 거대한 부자로서 주변 사람들에게 희망의 전도사가 되는 것이다. 당신이 아파트 100채를 마련하는 과정에서 불가능은 없다는 사실을 절실히 느낄 것이다. 목표를 열 채 스무 채로 작게 잡지 마라. 무조건 100채다. 임대 사업의 거대한 주인이 되는 것을 목표로 하라.

당신이 아파트 100채를 가진 모습을 상상해 보라. 얼마나 가슴 벅찬 모습인가? 당신이 그런 사람이 되면 안 되는 이유가 있는가. 아파트 100채를 지닌 거대한 부동산 부자가 돼라. 남들처럼 안 된다, 힘들다, 어렵다고 핑계 대지 말자.

Part 02
부동산

왕초보도 100% 성공하는

부동산 투자
100문 100답

Part 03 | 부자가 되는 자세

085

·····

우등생은 부자 되기 힘들다(1)

투자할 때 하나하나 꼼꼼히 따지고 재다 보면 다른 사람들이 나의 기회를 차지하는 경우가 굉장히 많다. 소형 아파트의 세계에서는 더욱 그렇다. 좋은 조건을 가진 매력적인 물건이 나오면 수많은 사람이 눈독을 들이기 때문이다.

여러 사람을 만나 강의하고 상담하면서 안타까운 일이 있다. 학력도 높고 직장에서 고액 연봉을 받는 분의 경우 내 말에 대해 겉으로는 수긍하지만 실제로는 끝까지 따져 보고, 이론상 맞는지 검증해 보고, 정말 가능한 일인지 지인들에게 물어보느라 시간이 한참 지난 뒤에야 결정한다는 것이다. 지켜보는 나로서는 참 답답하고 안타까울 뿐이다. 고교 시절 인수분해나 미적분을 풀 때, 대학에서 전공과목을 공부할 때는 필요한 방법이었겠지만 부동산 투자에서는 절대 그렇지 않다.

그렇게 하나하나 따지다 보면 좋은 물건은 불과 몇 분 사이에 없어지고 만다. 내가 말하는 소형 아파트 투자는 옳다는 감이 오면 바로 행동해야 한다. 생각할 시간이 많지 않다. 대신 투자한 다음에 생각하면 된다. 먼저 행동하고 그다음에 생각하자는 말이다. 하지만 우등생은 이런 식의 행동이 익숙하지 않을 것이다.

그래서 나 같은 사람이 기회를 갖는 것이고, 정주영 회장이나 이병철 회장이나 도널드 트럼프 같은 부동산 재벌이 어마어마한 부자가 되는 것 아닐까?

나 같은 부동산 투자자들은 열심히 재테크를 연구하고 공부하고 확인하는 사람들에게 고마워할지도 모른다. 그 사람들이 열심히 고민하고 연구하고 결과를 기다리는 동안 행동해서 그 결과를 기다리기 때문이다. 다들 나처럼 바로 행동한다면 나는 지금처럼 큰 부자가 되지 못했을 것이다.

생각은 많이 하지 말자. 대신 나의 말을 믿고 무조건 행동하자. 당신이 부자가 되는 방법이다.

사실 우등생들은 지금 의사, 변호사, 검사 등 전문직에서 일하는 경우가 많다. 자기 분야에서 정신없이 일하기 때문에 여유 시간조차도 내기 힘들다. 이런 사람들이 부동산을 알아보기 위해 현장을 돌아다닌다는 것은 꿈에도 생각하기 힘들다.

이 얼마나 고마운 일인가? 나 같은 투자자들은 매일 현장을 돌아다니면서 감각을 키우고 안목을 높이기 때문에 투자 기회가 많을 수밖에 없고, 현장에서 전문가들을 만나며 더 큰 투자를 배우는 게 사실이다. 반면 공부를 잘해서 전문직에 종사하는 사람들은 자기 분야에서는 최고일지 몰라도 투자에 대해서는 완전 꼬맹이 수준 아니겠는가?

실제로 이런 분들이 부동산 투자를 하겠다고 찾아오면 부동산꾼들은 이익을 최대한 얻을 수 있는 최고의 기회가 왔다고 생각한다. 호구가 왔다고 생각한다는 말이다.

부동산은 현장을 얼마나 돌아다녔는가, 부동산 감각과 안목이 얼마나 높은가, 부동산 세계에서 도와줄 사람이 얼마나 많은가, 얼마나 경험이 있는가가 중요한 투자 조건이다. 전문직 종사자는 이런 경험을 하는 게 힘들지 않겠는가?

게다가 공부를 잘한 사람들은 생각을 전환할 여유를 갖기도 힘들다. 대기업에 다니는 사람들은 주말에도 회사 일에 매달리다 보니 업무에 대한 생각만으로도 벅차다. 전문직에서 일하는 사람들도 다른 생각을 할 만한 시간적 정신적 여유가 없다. 생각을 전환하는 게 너무나 힘들 수밖에 없는 것이다.

난 지금의 이 상황이 참 좋고 고맙다. 이렇게 머리 좋은 사람들이 부동산 투자의 세계에 뛰어들었다면 내가 지금처럼 부자가 될 수 있었을까? 내가 어떻게 머리 좋은 사람을 이길 수 있단 말인가? 난 지금도 머리 좋은 사람들이 전문직에서 일하고 대기업에 입사하는 것을 환영한다. 덕분에 난 더욱더 부자가 되니 말이다.

우등생은 부자 되기 힘들다(2)

학교 다닐 때 공부를 잘하면 나중에 부자가 될 거라고 생각하는가? 나는 공부를 잘할수록 부자가 되기 힘들다고 생각한다. 부자인 사람들은 거의 다 학교 다닐 때 성적이 좋지 않았다는 것을 아는가?

대학을 우수한 성적으로 졸업하거나 공부를 아주 잘해서 좋은 직장에 입사한 사람들은 왜 부자가 되지 못하는 걸까? 정말 왜 그럴까? 열심히 공부해서 우수한 성적을 받는 게 사회에서 성공하는 길이라고 생각한 걸까? 이런 사람들은 왜 대기업에 들어가고 남들보다 월급 좀 더 받는 게 성공이라고 인식하는 걸까?

내가 말하는 공부 잘하는 학생은 교과서만 가지고 정말 열심히 공부하는 경우다. 영어, 수학, 국어, 과학 등 참 열심히 공부한다. 공식을 외우고 문제를 틀리면 왜 틀렸는지 분석하고 다시 또 공부를 한다. 고등학교 때는 잠도 못 자고 공부한다. 좋은 대학에 들어가기 위해서 말이다. 대학에 들어가서는 좋은 직장에 취직하기 위해 공부하고 어학연수를 다녀오고 토익을 준비한다. 졸업해서는 아주 어렵게 취직한다.

이렇게 공부한 게 당신 인생에 얼마나 도움이 되었는가? 학교에서 배운 수학, 국어, 과학 등의 지식은 지금 내 머릿속에 존재하지 않는다. 인수분해, 행렬, 루트, 미분, 적분, To 부정사, 접두어 등이 실생활에서 얼마나 쓰였는가? 대학에서 전공한 내용도 머릿속에 없고, 취직하기 위해 매달린 토익도 내가 부자가 되는 데 전혀 도움이 되지 않았다. 12년 동안 학교 다니면서 공부한 내용이 부자가 되는 데 하나도 도움이 안 되었다.

세상은 교과서대로 움직이지 않는다. 공부 잘하는 학생들은 오직 교수의 강의와 책에서 정보를 습득하지만, 부자가 되는 세상은 교수의 강의에서 배울 게 하나도 없다는 것을 알아야 한다. 교수나 교사 모두 그 분야의 전문가일지는 몰라도 부자인 경우는 거의 없고, 어떻게 해야 자본주의 사회에서 부자로 살아갈 수 있는지 잘 모른다. 그들도 월급쟁이기 때문이다.

이 글을 쓰다 보니 생각나는 게 있다. 친구 중에 대학 교수가 있다. 외국까지 나가서 엄청난 공부를 해 온 친구다. 아내는 초등학교 교사다. 부부는 주변 사람들에게 부러움을 사기에 충분할 것이다. 직장만 보면 말이다.

하지만 난 이 부부와 한 시간 정도 이야기하고 나서 이 세상에서 가장 불쌍한 사람들이라는 것을 알았다. 아무리 이야기해도 돈의 흐름을 모르고, 자본주의의 속성도 모르고, 무슨 협상이라든가 사람을 대하는 법도 모르는 것이었다. 그저 큰 집 한 채 가지고 살아야 한다고만 했다. 내가 아무리 이야기해도 들으려 하지 않았다. 오직 대학 교수라는 자부심에 남들의 이야기를 듣지 않았다. 바보도 이런 상바보가 없었다.

대학 교수의 월급이 얼마일까? 교사의 월급이 얼마일까? 지금의 이 생활이 얼마나 지속될 수 있을까? 아이가 셋인데 그 소득 가지고 제대로 교육할 수 있을까? 이후로 그런 자본주의 바보와 진지한 대화를 하지 않는다. 해 봐야 시간만 아깝다.

학창 시절에 공부를 잘한 사람들은 오직 주어진 규칙을 준수해야 한다고 생각한다. 하지만 세상은 주어진 규칙을 뚫고 새로운 것을 개척하는 창조적인 사람에게 부자가 되는 기회를 준다.

우등생으로 졸업한 직장인들과 이야기하다 보면 답답한 경우가 많다. 생각의 틀이 너무나도 확고해서 신념이나 행동을 바꾸려 하지 않는다. 오직 주어진 시스템 안에서 효율성을 찾아 활동할 뿐 변화시키거나 바꾸려 하지 않는다. 하지만 부자들은 환경을 바꾸기 위해 끊임없이 노력하고 미친 듯이 새로운 것을 갈구한다.

또한 우등생들은 실수하는 것을 두려워한다. 학교에서 실수하지 않고 좋은 점수를 얻었기에 언제나 칭찬을 받아 왔을 것이다. 반면 부자들은 수많은 실수를 통해 자기만의 노하우를 얻었고, 그 노하우가 모이고 모여 부자가 된 것 아니겠는가?

난 젊은 사람일수록 실수를 많이 해 봐야 한다고 생각한다. 그래야 많이 배운다. 그저 실수 없이 교과서 속에서 세상의 이치를 깨달을 수는 없을 테니까.

하나 더 이야기해 보자. 예전의 힘든 과거를 생각해 보면 등골이 오싹해진다. 너무나도 힘들었던 상황들, 자살까지도 생각했던 나의 과거들, 나의 모든 것을 잃었던 시간들. 그때는 정말 너무나도 힘들었다. 지금도 생각하기조차 싫을 정도다. 하지만 난 안다. 나를 힘들게 한 수많은 과거, 실수, 잘못, 환경이 나를 부자로 만들어 준 거름이 되었음을.

내가 주어진 틀 안에서만 살았다면? 그랬다면 과거의 안 좋은 경험들도 없었을 것이고, 나를 힘들게 하지도 않았을 것이다. 아무런 도전도 없이 그저 배부른 돼지로 살아가며 가난 속에서 허덕이고 있을 것이다.

그래서 아이에게 공부만 강요해서는 안 된다고 생각한다. 아이가 공부만 열심히 하기보다는 친구들과 사귀며 사교력을 키우고 협상이라는 것도 알고 많이 놀아 봐야 성공한다고 본다. 그래야 도전 정신도 생기고 창의력도 생기고 협상력도 생기고 세상을 살아가는 방법도 터득하는 것 아니겠는가?

공부 잘해서 토익 점수 높이고 인수분해를 잘하고 미적분

문제를 잘 푼다고 이 사회에서 큰 부자가 될 것 같은가? 우리가 살고 있는 이 사회는 그저 공부만 잘하는 사람을 바라는지도 모르겠지만, 실제로 공부만 잘한 사람이 부자가 되기는 힘들다.

공부를 잘해 본들 일류 대학에 들어가고 대기업에 입사해서 개인 생활은 무시당한 채 미친 듯이 일하다 40대 중반쯤 명예퇴직을 당하는 게 전부 아닌가? 이것 말고 다른 길이 얼마나 되겠는가? 이것이 이 시대 공부 잘한 사람들의 인생이다.

이들이 지금의 환경에서 부자가 될 것 같은가. 이 사람들이 평상시 부동산 현장을 돌아볼 수 있겠는가? 돈의 흐름이 어떤 것인지 알기나 하겠는가? 부동산 현장에서 협상력이라는 게 얼마나 큰 효과를 내는지 경험해 보기나 했겠는가? 자본주의 사회에서 어떻게 해야 부자로 살 수 있는지 그 방법을 알기나 하겠는가? 그저 지금 살고 있는 집 한 채에 크게 만족하면서 살아가지 않겠는가? 직장에서 살아남기 위해 실생활에 별 쓸모도 없는 자격증을 따느라 목매고 있지 않겠는가?

우리는 지금 공부 잘하는 사람은 더욱 어렵게 살아갈 수밖에 없는 자본주의 세상에 살고 있는 건 아닐까 싶다.

087
부자 되는 노하우를 알려 준다고?

부자 되는 노하우를 알려 준다는 세미나도 있고, 부자 되는 방법을 알려 준다는 책도 있다. 정말 믿을 만할까? 진짜로 이런 책들이 있을까?

나는 예전부터 부자가 되고 싶어 미치는 줄 알았다. 이 세상에서 가장 존경하는 아버지처럼 살고 싶지 않았다. 인격이나 성품은 아주 훌륭하지만 항상 돈에 쪼들리고 돈 걱정에 아무것도 하지 못한 아버지. 나의 소중한 인생을 이렇게 살고 싶지 않았다.

그래서 수많은 재테크 강의를 들었다. 증권, 펀드, 경매, 부동산 등 원 없이 들었다. 수업료도 상상할 수 없을 만큼 퍼부었다. 무료로 얻은 정보가 얼마나 도움이 되겠는가 싶어서 유료 강의 위주로 수강하며 열심히 보고 배웠다.

그런데 재테크 강의를 들으면서 더욱더 확신을 가진 건 이런 강의를 아무리 들어 봤자 부자가 되는 진짜 노하우는 없다는 것이었다. 정말이다. 거의 없었다. 주식은 어떻게 투자해야 하고, 어떤 기술적 방법으로 주식을 사고팔아야 하고, 펀드를 적립식으로 가입하면 나중에 어느 정도 이익을 볼 것이고, 경매를 하면 어떤 수익을 구할 거라는 말은 많이 들었지만 그게 정말 부자들, 제대로 된 부자들의 노하우는 아니었다.

그 이유는 간단하다. 그 자리에서 강의하는 강사들이 부자가 아니기 때문이다. 그런 강의가 아니면 경제생활이 힘든 보통 사람들이었기 때문이다. 그런 사람들이 부자가 되는 강의를 한다니 얼마나 우스운 일인가?

또한 수많은 재테크 서적을 읽어 봤지만 큰 도움이 된 로버트 기요사키의 책 외에는 별 도움이 되지 않았다. 그래서 지금은 재테크 서적을 읽지 않는다. 오직 수없이 읽어 온 로버트 기요사키의 책을 읽고 또 읽는다. 아마 수십 번을 읽은 것 같다.

제발 환상에서 깨어나라. 당신 주변에서 부자 되는 노하우를 알려 준다는 것은 모두 다 거짓말이다. 그 사람들이 부자도 아닐뿐더러 그렇게 알려 주겠다고 하는 것은 당신을 이용해 이익을 구하기 위한 낚시질이라는 것을 알아야 한다.

큰 부자가 책을 쓰고 강의를 해 가면서 스스로 그 노하우를 알려 줄 거라고 생각하는가? 그렇게 선한 부자는 이 세상에 별로 존재하지 않는다.

나도 부자가 되는 노하우를 알기 위해 수도 없이 고생하고 눈물도 흘려 보고 억울한 일도 겪어 보고 부동산 사기도 당해 봤다. 그러면서 지금에 이른 것이다. 그런데 왜 지금 이 글을 쓰면서 부자 되는 방법을 알려 주려는 것일까?

　글쎄, 나도 잘 모르겠다. 확실한 것은 존경하는 아버지한테 이렇게 베풀고 살라는 가르침을 받았고, 이렇게 베푸는 삶에서 더 크고 위대한 나를 볼 수 있기 때문인 것 같다. 더 위대하고 존경받는 나 자신을 위해서라고나 할까.

　나의 이야기는 나중에 하기로 하고 대신 강조하고 싶은 것은 부자 되는 강의나 책은 당신에게 별 도움이 되지 않을 거라는 사실이다.

Part 03
부자가 되는 자세

088

부자는 돈이, 가난한 자는 돈을!

부자는 돈이 저절로 굴러서 현금이 나오는 구조를 만든다. 하지만 가난한 자는 그저 돈을 벌기 위해 급급한 생활을 한다. 주말에도 회사 일을 하느라 정신없이 사는 사람이 많다. 그렇게 열심히 돈을 모아 더 큰 아파트로 이사 가면서 만족해한다. 게다가 40대가 넘으면 회사에서 명예퇴직을 당하지 않으려고 더욱더 미친 듯이 일만 하고 산다. 이게 보통 사람들의 삶 아닌가?

한번 생각해 보자. 우리 같은 보통 사람들이 부동산에 투자하지 않고 부자가 될 수 있다고 생각하는가? 웃기는 소리다. 절대 부자가 될 수 없다.

내가 소유한 소형 아파트는 시간이 지남에 따라 계속 구르고 굴러서 임대 소득을 만들어 주고, 내가 쉴 때도 쉬지 않고 수입을 만들어 준다. 화를 내면서 제발 나에게 수입을 만들어 주지 말라고 해도 소용이 없다. 내 주머니는 소형 아파트가 끊임없이 만들어 주는 수입으로 가득 차게 되어 있다.

부자는 돈을 벌기 위해서가 아니라 자기 자신에게 끊임없이 수입을 가져다주는 자산을 더 많이 만들기 위해서 일한다.

자기가 거주할 아파트는 나중에 사더라도 일단 남에게 전세로 빌려줄 소형 아파트부터 구입하는 것이다. 보통 사람들은 대출을 받아서 자기가 거주할 아파트 먼저 사려고 하는데, 나처럼 부동산 투자를 목적으로 하는 사람들은 내가 거주할 집은 나중에 사고 먼저 나에게 계속 수입을 만들어 줄 소형 아파트를 사기 위해서 열심히 일하는 것이다. 소형 아파트가 늘어나면 그 수입을 이용해 자기가 거주할 아파트를 쉽게 구입할 수 있다. 그뿐인가, 자동차나 다른 것들도 쉽게 구입하는 아주 여유로운 생활을 할 수 있다. 이게 바로 부자다.

하지만 보통 사람, 가난한 자는 일하지 않으면 수입이 없다. 수입이 없으면 그 달 그 달 항상 힘든 생활을 할 수밖에 없다. 그러니 한 달 한 달 근근이 살아갈 뿐 꿈도 없고 활력도 없는 것이다. 돈을 써야 할 일이 생기면 쭈뼛거리며 남의 눈치나 보고 살아야 하는 것이다.

가난한 자는 부동산 투자를 하고 싶어도 TV 방송이나 신문에서 부동산 투자가 무서운 거라고 하면 지레 겁을 먹어 하지 못한다. 그저 현금을 많이 가진 사람이 부자라고 생각한다. 그

러면서 자본주의 바보가 되어 가는 것이다.

당신은 가난한 자로서 돈에 급급해하며 살고 싶은가, 아니면 편히 쉬면서 당신이 소유한 소형 아파트들이 쉬지 않고 일하게 만들고 싶은가? 부자가 되느냐 가난하게 사느냐는 당신의 선택에 달려 있다.

진정한 부자는 돈을 잘 버는 사람일 것 같은가? 높은 연봉을 받는 사람일 것 같은가? 물론 그럴 수도 있다. 하지만 이런 모습이 진정한 부자를 대변하지는 않는다.

진정한 부자는 이런 사람들이 아니다. 진정한 부자는 투자를 잘하는 사람이며 투자를 계속하는 사람이고, 또한 그 투자를 자기 돈이 아닌 남의 돈으로 계속하는 사람들이다.

진정한 부자는 스스로 일하지 않을 때도 자기가 투자한 부동산에서 끊임없이 현금이 나오도록 만든 사람이고, 또한 그 투자를 쉬지 않고 계속하면서 자기 한계에 도전하는 사람이다.

089
·····
많이 안다고 부자가 되는 게 아니다

내 주변에는 똑똑한 사람이 많다. 일류 대학을 나온 사람도 많고, 머릿속에 수많은 지식을 담고 있어서 절로 감탄하게 되는 사람도 있다. 좋은 대학 좋은 과를 나와서 탁월한 지식을 가지고 재무 상담 일을 아주 잘하는 사람도 많다. 워낙에 아는 게 많아서 나도 저절로 탄성이 나온다. 어떻게 그렇게 많이 알까? 참 대단한 사람들이다. 하지만 이렇게 좋은 학벌과 대단한 지식을 가진 사람들 중에 부자가 있을 것 같은가? 그 사람들 중에는 부자가 없다.

아는 게 많고 일류 대학을 나온 사람일수록 의심이 많다. 모든 것을 분석해서 그 결과를 봐야만 행동으로 옮긴다. 그들은 학자로서는 잘 맞는지 모르겠으나 우리 같은 부자의 영역에 들어오기란 무척 힘들다.

부자는 아는 게 많지 않다. 폭넓은 지식도 없다. 나도 아는 게 많지 않다. 하지만 부자는 자기가 투자하는 것 하나만큼은 지식이 아주 깊고 대단한 관찰력과 통찰력을 가지고 있으며 생각한 것을 당장 행동으로 옮기는 뚝심이 있다. 이런 부자는 누군가 폭넓은 지식을 자랑하듯이 이야기하면 콧방귀를 뀐다. 이 사람은 부자가 아니라는 걸 바로 알아차리는 것이다.

부자는 스스로 잘났다고, 학벌이 뛰어나다고, 자격증이 많다고 내세우는 사람들을 믿지 않는다. 그런 이야기를 들으면 이렇게 질문한다. "이봐! 직접 해 봤어?"

지금 생각해 보면 나처럼 학벌이 별로 좋지 않지만 현장에서 잔뼈가 굵은 사람, 뚝심이 대단한 사람, 남의 말을 귀 기울여 들을 줄 아는 사람, 여러 가지 이야기를 듣고 생각하여 전광석화처럼 미친 듯이 행동으로 옮기는 사람이 부자가 된다. 생각만 하고 지식만 쌓으면 뭐 하겠는가? 행동으로 옮기지 않으면 아무 소용이 없다는 말이다.

단편적인 예를 들어 보자. 내가 지극히 아끼는 부부가 있었다. 남편은 워낙 똑똑하고 공부를 잘해서 그 어려운 IMF 외환 위기 때도 삼성에 입사한 사람이었다. 이 부부를 아끼는 터라 부디 내가 투자하는 지역의 소형 아파트에 투자하기를 바라면서 왜 소형 아파트에 투자해야 하는지 알려 주었다.

그런데 전 세계의 좋지 않은 경제 상황을 늘어놓고, 전세는 남의 돈인데 어떻게 수익을 남겨 주냐고 되묻고, 부동산 시장은 이미 끝났다고 하고, 신도시 아파트에 투자했다가 크게 실패한 사람의 예를 들고, 지금 받는 월급도 충분한데 굳이 무서운 부동산에 투자할 이유가 없다고 하고, 선배들에게 부동산 이야기를 해 보니 다들 말렸다고 하고, 아파트는 시멘트 덩어리라 시간이 갈수록 가치가 떨어진다고 하고, 아파트를 많이 사면 세금이 많이 나온다고 하고, 아파트 세입자 관리가 너무나 스트레스 받는 일 같다고 말하고, 아파트 파손 관리가 힘들 거 같다고 말하고, 아파트 전세가가 계속 오른다는 보장이 어디 있느냐고 반문하면서 나의 부동산 투자 제안을 계속 거절했다.

참 안타까운 일이었다. 진심으로 아껴서 한 말인데 그의 귀와 마음에는 들리지 않는 이야기가 되고 말았다. 그 대화 이후 난 아파트 200채를 가진 더 큰 부자가 되었고, 그 남편은 2년 안에 명예퇴직을 해야 하는 사람이 되었다.

그가 나의 말을 듣고 소형 아파트에 투자했다면 지금쯤 아파트 40채 정도는 가졌을 것이다. 그렇다면 지금처럼 명예퇴직을 당한다 해도 걱정할 게 없을 것이다. 아파트 40채에서 나오는 금액이 연봉과 비교해도 장난 아닐 텐데 말이다.

똑똑한 사람일수록, 일류 대학을 나온 사람일수록, 좋은 직장을 가진 사람일수록 부자 되기는 힘들다는 것을 실감한다.

오히려 직장이 안정되지 않고, 지금 처한 환경에 불만이 많아서 뭔가 개선이 필요하다 생각하고, 도전 정신이 강하고, 남

251

의 말을 큰마음으로 들을 줄 알고, 배려심 많고, 전문가의 조언을 듣고 바로 행동할 줄 아는 사람이 부자가 되기 쉽다.

요즘은 나도 똑똑하다고 자랑하는 사람, 학벌 높다고 자랑하는 사람에게는 나의 소중한 노하우를 말하지 않는다.

내가 부자 되는 노하우를 말해 봐야 잘 알아듣지도 못할뿐더러 자존심 때문인지 귀를 열어 내 말을 들으려 하지 않고 오히려 별의별 이유를 들면서 온갖 부정적인 말만 해댄다. 말해 봐야 내 입만 아플 뿐이다.

090

·····

부자는 생각만 하지 않는다

부동산에 투자할 때 어떠한 상황에서도 시간이 충분할 것 같은가? 또한 그 부동산에 대한 만족스러운 정보가 계속 주어질 것 같은가? 아니다, 절대 아니다. 좋은 부동산 매물은 절대 기다려 주지 않는다. 아주 좋은 매물은 단 몇 분 만에 넘어가는 일이 허다하다.

나도 부동산 투자를 수없이 해 봤지만 100퍼센트 완벽한 정보를 가지고 투자할 수는 없다. 정보가 80퍼센트 이상 정확하다 싶으면 바로 행동해야 한다.

처음 투자를 시작할 때는 작은 것부터 적은 돈으로 시작하는 것도 좋은 방법이다. 큰돈을 모아서 투자하기보다는 자금이 별로 없는 그 상황에서 그 자금을 가지고 시작하는 것이다. 대신 바로 행동해야 한다. 바로 행동하는 연습을 해야 한다. 누

Part 03 부자가 되는 자세

차 말하지만 일반인이 거대한 부자가 되어 가는 과정에서 반드시 필요한 것은 즉각적으로 이루어지는 행동력이다. 행동력도 한 번씩 해 봐야 습관이 된다. 하나씩 하나씩 경험을 쌓아나가는 것이다. 이런 경험 없이 바로 행동할 수 있을 것 같은가? 아니다, 절대 할 수 없다.

주변을 돌아봐도 나처럼 바로 행동하는 사람이 없다. 내가 부자라는 것은 알지만, 또한 내가 어떤 방식으로 부동산 부자가 되었는지 잘 알지만, 그저 알기만 할 뿐 행동으로 따라 하는 사람은 없다.

생각한 그 자리에서 바로 행동해야 인생이 바뀌지 그저 생각만 한다고 해서 행동으로 옮겨지는 게 아니다. 첫 투자 기회를 마주했을 때 행동으로 옮기지 않으면 시간이 지날수록 행동으로 옮기는 게 더욱 어려워진다. 부동산 투자에 대해 부정적인 생각만 가득해진다.

다시 말하지만 부동산 부자는 보통 사람들처럼 생각을 많이 하지 않는다. 짧고 굵게 생각하여 맞다 싶으면 바로 행동으로 옮긴다. 남들이 좀 더 생각하는 순간 그 부동산을 차지하고, 그 후의 기회를 모두 소유한다.

091
. . . . .
당신 안의 거인은 무엇인가?

당신은 지금 샐러리맨인가? 당신은 지금 사업가인가? 무슨 일을 하든 지금 당신의 내면에 존재하는 거인은 무엇인가? 당신은 어떤 사람이 되고 싶었는가? 당신은 어떤 거인의 모습으로 살고 싶었는가?

지금 당신의 모습은 당신이 예전에 그렇게도 바라던 모습인가? 아마 아닐 것이다. 자기 자신이 그렇게도 열망한 대로 살아가는 사람은 극히 드물 것이다.

당신이 예전에 지극히도 바라던 모습으로 살고 싶다면 부자가 되어야 한다. 부자가 되지 않는 한 아무리 발버둥 쳐 봐야 아무것도 할 수 없다. 우리는 자본주의 사회에 살고 있다.

실제로 부자는 부동산을 많이 소유한다. 자본주의 사회에서 부동산 없이 거대한 부자가 될 것 같은가? 절대 그럴 수 없다.

Part 03
부자가 되는
자세

255

부동산을 많이 가지는 데 무슨 자격증이 필요한가? MBA 학위가 있어야 하는가? 박사 학위가 있어야 하는가? 부동산 부자 중에는 학벌이 형편없는 사람도 의외로 많다.

젊을 때는 좋은 직장에 다니고 전문직에 종사하고 좋은 자격증을 따면 부자가 되는 줄 알았다. 그렇게만 하면 돈 걱정 없이 편하게 사는 줄 알았다. 하지만 현실은 아니었다. 오히려 좋은 직장, 좋은 직업, 좋은 학벌을 자랑하는 사람들은 자본주의 바보가 대부분이다.

우리는 부자가 되어야 한다. 부자가 되는 데 학벌이나 자격증은 하나도 필요 없다. 대신 소형 아파트를 많이 가져야 부자가 된다. 부동산 사는 일에 완전히 미쳐야 한다. 그러다 보면 그동안 보지 못한 당신 자신 안에 존재하는 거인의 모습을 마주할 수 있다.

나도 소형 아파트 100채를 갖기 전까지는 내 안에 존재하는 거인의 모습을 보지 못했다. 아파트 100채가 넘어가자 남들에게 베풀고 더 크게 생각하고 사업가답게 행동하면서 나만의 거인을 하나씩 발견해 나갔다. 지금은 내 안의 거인이 나를 더 큰 나로 이끌어 가고 있다는 것을 절실히 느낀다.

당신도 나처럼 부동산 부자가 되어야 한다. 그동안 보지 못한 당신의 거대한 거인을 발견할 테고, 그 이후부터는 제2의 인생을 시작할 것이다. 지금의 나처럼 말이다.

092

주변 사람들 말에 귀를 닫아라

당신이 진정 거대한 부자가 되고 싶다면 주변 사람들의 말에 귀를 닫아라. 주변 사람들은 당신에게 아군이 아니다. 적군이다. 주변에 진정한 부자가 얼마나 있는가? 당신이 정말 믿고 따를 만한 부자가 얼마나 있냐는 말이다.

다 거기서 거기 아닌가? 한 달 월급에 만족하며 사는 사람들 아닌가? 큰 사업가가 아니라 월급쟁이들 아닌가? 경제나 주변 상황에 부정적인 사람이 많지 않은가? 생각도 많고 이론에도 밝지만 실제로 행동하지 않는 사람들이 허다하지 않은가? 당신 친구들이 진심으로 당신이 큰 부자가 되기를 바란다고 생각하는가?

한 달 한 달 월급만 가지고 사는 사람들이 부자의 노하우를 알면 얼마나 알겠는가? 어떻게 해야 부자가 되는지, 어떻게 노

력해야 부자가 되는지 알기나 하겠는가? 그저 소액을 가지고 주식이나 펀드를 하면서 조금 이익을 보면 주변 사람들에게 자랑하는 사람들 아닌가? 그런 사람들이 부자 되는 방법을 안다고 떠드는 것을 보면 정말 한심하다.

그런 사람들은 도전하지 말라고 한다. 함부로 도전하면 수중에 있는 돈도 다 잃어버린다고 협박한다. 세계 경제가 이렇게 안 좋을 때는 그저 현금을 보유하는 게 현명하다고 말한다. 이럴 때 소형 아파트를 사면 바보라고 비웃는다. 자기가 자본주의 바보인 줄은 모르고 말이다.

당신의 친구들이 정말 당신의 아군일 거라고 생각하는가? 당신이 거대한 부자가 되어 외제 차를 타고 다니고 직원과 비서를 두면 진심으로 축하해 줄 사람들이라고 생각하는가? 당신 친구들은 당신이 자기들과 거기서 거기이기를 바란다. 계속 당신과 소주잔을 기울이고 세상을 안주 삼아 이야기하길 바란다. 당신이 자기들보다 월등하고 대단한 사람이기를 바라지 않는다는 것이다. 그런 사람들이 당신에게 부자가 되는 특급 노하우를 알려 줄 것 같은가? 뭐 하나 제대로 알지도 못하는 사람들이? 웃기는 소리다.

부자가 되고 싶으면 주변 사람들의 말에 귀를 닫아라. 주변 사람들과 부자 이야기, 재테크 이야기, 성공 이야기를 나눠 봐야 시간만 버릴 뿐이고 노력이 가상할 뿐이다. 그들하고는 당신이 외롭고 힘들 때 만나서 회포를 풀면 된다. 그게 당신 주변 사람들의 역할이라고 보면 된다.

진정한 부자는 일반인들과 잘 만나지도 않는다. 부자는 부자끼리만 만난다. 그 안에서 정보가 공유되고, 공유된 정보는 그들 사이에서만 흘러다닌다는 것을 알아야 한다. 어떻게 그런 정보가 당신에게 온단 말인가?

093

부자는 부모를 잘 만난 것 아닌가?

나도 어릴 때는 부모를 잘 만나야 부자가 되는 줄 알았다. 나 자신이 부자가 될 수 있다는 생각은 해 보지도 못하고 그저 좋은 직장에 들어가서 안정된 생활을 하는 것이 최고의 삶이라고만 믿었다.

하지만 부동산에 눈을 뜨고 그 세계에서 거대한 부자들을 만나면서 깨달은 건 그들이 부모를 잘 만나서, 또는 부모에게 재산을 물려받아서 부자가 된 게 아니라 혼자 힘으로 거대한 부자가 되었다는 점이다. 모두 너무나도 힘든 고통과 역경을 다 이겨 낸 사람들이다. 고통을 이겨 내며 부동산에 대해 하나 둘씩 배우고 투자하면서 부자가 되는 과정을 거친 사람들이다.

이 사람들도 한때는 월급쟁이 생활을 했을 것이다. 그 월급쟁이 생활에 안주하거나 남이 주는 떡에 만족했다면, 부자는 부모를 잘 만나야 되는 거라고 생각하여 자포자기했다면 지금의 거대한 부자가 될 수 있었을까?

부자가 되는 과정은 월급쟁이 생활보다 힘들 것이다. 많은 실패도 있고 좌절도 있을 것이다. 하지만 그런 실패를 딛고 부자가 되었을 때의 환희는 경험해 보지 않은 사람은 알 수가 없을 것이다.

이 책에는 나 박정수만의 부자가 되는 비밀이 포함되어 있으니 그 비밀, 그 노하우를 그대로 따라 한다면 당신은 실패 확률을 크게 낮출 수 있다. 이 얼마나 다행스러운 일인가?

처음 부동산에 투자할 때는 너무나 두려웠다. 내 앞에 스승님이 계신 것도 아니요, 내가 하는 부동산 투자가 맞는지 틀리는지 확인해 줄 사람도 없었기 때문에 무섭고 외로웠다. 그러나 당신은 이 책에서 말한 대로만 한다면 무섭지도 않고 외롭지도 않고 그저 행복하게 투자하면서 부자가 될 것이다. 당신의 부모님이 부자가 아니라면 당신은 부자가 되어야 한다. 그렇게 부자가 되어서 당신 인생의 주인이 되어야 한다.

예전에는 부자 되는 게 쉬웠지만 지금은 너무나도 어렵다고, 개천에서 용 나는 시대는 끝났다고 말하는 사람들이 있다. 나는 그 의견에 반대한다. 오히려 요즘이 더 부자가 되기 쉽다. 당신 부모님이 부자가 아니어도 당신 자신의 노력과 행동으로 부자가 되기 쉬운 시대다.

Part 03
부자가 되는
자세

평범한 나 박정수도 거대한 부자가 되지 않았는가? 지금은 정보도 많고, 이 책처럼 쉽게 부자 되는 방법도 알려 주는데 왜 어렵단 말인가?

나도 부자가 되는 데 독서의 힘이 아주 컸다. 부자가 되는 방면의 책을 많이 읽지 않았다면 지금의 내가 있을까? 로버트 기요사키의 책을 수십 번 읽지 않았다면 지금의 내가 있을까? 로버트 기요사키가 책을 쓰지 않았다면 내가 뭘 보고 배워서 이렇게 부자가 되었을까? 부동산을 보러 갈 때도 인터넷 지도를 이용하고 인터넷으로 정보를 얻을 수 있는 이런 시대가 진정 어디에 있단 말인가? 정말 행복한 시대 아닌가? 이처럼 부자가 되는 데 필요한 정보가 다 있는데 왜 부자 되기 힘들다고 말하는가?

부자가 되지 못하는 것은 이 시대가 힘들고 어려워서가 아니라 부자가 되고자 하는 강렬한 의지가 약하고, 그 의지를 행동으로 옮기는 대신 부자는 나와 다른 금수저를 가지고 태어난 사람이라고만 생각하는 것이 문제다.

지금 우리가 사는 이 시대는 부자 되기에 아주 좋은 환경을 제공한다. 정말 행복하고 감사할 따름이다.

094

부자 되는 게 죄가 아니라 가난한 게 죄다

부자가 되는 것을 나쁘게 보는 경향이 있다. 예전에는 개발 호재로 인해 땅값이 수십 배가 치솟아서 갑자기 부자가 되는 경우도 있고, 아파트가 갑자기 몇 억이 오른 덕에 부자가 되는 일도 다반사였다. 열심히 일해서 부자가 된 게 아니라 가만히 앉아 있다가 큰 부자가 되는 것을 보니 보통 사람들은 얼마나 허탈했겠는가?

아무리 열심히 일하고 노력해도 보통 사람이 몇 억을 모으고 번다는 것은 정말 힘든 일일 텐데, 가만히 앉아서 돈 놓고 돈 먹기 식으로 수억 원, 수십억 원을 쉽게 벌었으니 부자를 좋게 바라볼 리 없을 것이다.

그렇다면 부자가 되는 것을 나쁘게 봐야 하는 걸까? 열심히 일해서 목돈을 만들고, 그 돈으로 실물 자산에 투자하여 현금

흐름이 생기도록 만들고, 그 돈을 모으고 모아서 부자가 되는 것을 나쁘다고 할 수 있을까?

그저 부자는 아무나 되는 게 아니라고 하면서 노력하지 않는 사람이나 휴일이면 집에서 TV나 보고 잠만 자는 사람이 부자가 되는 노력을 어떻게 바라볼까? 열심히 재테크 강좌에 참가하고 부동산 관련 서적을 읽고, 전국 곳곳을 돌아다니면서 부동산 감각을 익히는 사람이 있는 반면, 아무 노력도 하지 않으면서 부동산 투기로 부자가 된 거라며 비난이나 하는 사람들을 어떻게 바라봐야 하는 것인가?

열심히 일하고 노력해서 부자가 된 사람은 존중하고 인정해 줘야 한다. 또한 이들이 왜 이렇게 부자가 되려고 했는지 같이 고민해 보며 본받으려 해야 하지 않을까? 정작 자신은 아무 노력도 하지 않으면서 누군가 부자가 되어 가는 과정을 비난하고 그 노력을 외면하는 사람들을 보면 화가 난다.

우리는 왜 부자가 되어야 하는 것인가? 우리는 지금 자본주의 사회에 살고 있다. 자본주의 사회에서는 돈이 있어야 하고 싶은 일을 맘껏 할 수 있다. 아이들이 뭔가 배우고 싶어 하는데 돈이 없어서 포기시켜야 한다면, 가난하기에 당연히 받아들여야 하는 것인가? 온 가족이 쥐꼬리만 한 월급에 맞춰서 살아야 하는 것인가? 싼 과일만 먹어야 하고, 뭘 사고 싶어도 돈 걱정부터 해야 하고, 아이가 공부를 잘하는데 과외 한 번 시키지 못한다면 그게 정말 올바른 것인가? 부모님이 편찮으

신데 돈이 없으니 바라봐야만 하는 것인가? 좋은 치료를 받으면 살릴 수 있는데 돈이 많이 들어서 엄두도 못 낸다면 자본주의 사회에 사는 사람으로서 올바르다고 할 수 있는 것일까?

나는 가난하게 사는 것도 죄라고 생각한다. 나 자신이 부자가 되어야 한다. 그래야 부모님에게 효도할 수 있고, 아이 교육을 제대로 시킬 수 있고, 배우자에게 삶의 보람을 줄 수 있지 않겠는가?

그런데 자기 자신은 부자가 될 수 없다고만 생각하고 부자가 되는 것은 도둑질이나 투기와 같다고 터부시하며 주말에는 잠이나 자는 태도가 당신 자신을 더욱더 바보로 만드는 지름길이라는 것을 알아야 한다.

당신이 지금 살아 있다면, 여기 대한민국이라는 자본주의 사회에서 살아간다면, 그리고 진정 인간답게 살고 싶다면 부자가 되어야 한다. 부자로 살아야 한다. 당신에게 주어진 모든 자유를 누려야 하고, 당신 자신에게 주어진 부모 역할, 자식 역할, 배우자 역할을 제대로 해낼 수 있는 능력을 갖춘 부자가 되어야 한다.

부자가 되는 게 죄가 아니라 부자로 살지 못하는 게 죄인 시대임을 알았으면 한다.

095

당신이 부자가 되지 못하는 이유가 있다

당신은 부동산 투자에 대해 의심이 많다.

당신은 항상 투자를 두려워한다.

당신은 진정한 부자를 볼 줄도 모르고 그런 사람들의 말을 믿지도 못한다.

당신은 절실하지 않다.

그저 현실에 안주할 뿐이다.

그저 지금 상황에 만족한다.

당신은 당신만 믿고 사는 가족들에 대한 관심이 많지 않다.

당신은 그저 평범하기만 바란다.

뭔가에 도전하고 싶은 욕구가 별로 없다.

당신은 삶에 별 흥미가 없다.

당신은 열정이 없다.

당신은 남이 잘되는 것은 그저 운이라고만 생각한다.

당신은 남이 잘되는 것을 축하할 줄도 모르고 질투만 한다.

당신은 부자 될 운명이 아니라고만 생각한다.

어떤가? 당신도 포함되지 않는가? 당신이 부자가 되지 못하는 이유는 위의 사항에 포함되기 때문 아닐까?

부자는 저절로 되는 것이 아니다. 가만히 앉아서 떨어지는 감을 먹는 일도 아니요, 부모를 잘 만나서 재산을 물려받는 것도 아니다.

의심이 많은 사람은 절대 부자가 못 된다. 계속 의심만 하고 행동으로 옮기지 못하기 때문이다. 특히 고학력자, 공부를 많이 한 사람, 전문직 종사자가 이런 경우가 굉장히 많다. 그러니 부자가 못 되는 것이다.

항상 부정적인 생각만 하는 사람도 있다. 이런 사람들은 세계 경제가 점점 안 좋아지기 때문에 대한민국 경제도 안 좋아질 것이고, 그래서 투자를 하기보다는 현금을 가지고 있는 게 최고라고 말한다. 자기가 아는 지식이 최고인 줄만 안다. 물론 보통 사람에게는 그 정보가 최고일 수도 있다. 하지만 나 같은 부자가 볼 때는 얼마나 우스운 줄 아는가? 그런 사람들 때문에 나 같은 부자는 더 큰 부자가 되는 것이다. 그들이 가질 수 있는 좋은 기회를 두려워서 피하기 때문에 그 좋은 기회가 우리 같은 부자에게 오는 것이다.

또한 부자는 절실하게 원해야 이루어지는 것이다. 현재의 삶에 만족하고 안주하는데 어떻게 부자가 된단 말인가? 평범한 게 좋다고 떠드는 사람이 어떻게 부자가 되냐는 말이다. 이런 사람들은 그저 회사 사장이 주는 월급에 만족하고 산다. 사장이 매월 주는 먹잇감에 감사하다며 웃고 사는 것이다. 그 월급을 아껴 쓰는 것, 가계부를 쓰는 것, 통장을 쪼개는 것, 한 달 한 달 계획을 세워서 맞춰 사는 것에 만족하며 사는 사람들이다. 이런 사람들이 정말 부자가 될 것 같은가?

부자 중에 실패를 겪어 보지 않은 사람이 얼마나 있겠는가? 그 실패가 그 사람을 부자로 만들어 준 것이다. 그 실패를 경험하면서 배우고 또 배우며 큰 부자가 된 게 아니겠는가?

대부분의 사람들은 실패를 두려워해서 아예 도전하지 않는다. 새장 속의 새처럼 주어지는 월급에 만족할 뿐 도전은 남의 이야기라고만 생각한다. 가족들에게 경제적 풍요를 주고 싶은 욕구도 없고, 그냥 하루하루 주어진 삶에 만족하고 평범하게 살고자 할뿐더러 부자가 된 사람들은 사기 쳐서 돈을 번 거라고 비난하는 경우도 많다. 이런 사람들이 어떻게 부자가 된다는 말인가? 말이 안 된다. 절대로 말이 안 된다.

부자가 되려면, 거대한 부자가 되려면, 자수성가한 부자가 되려면 열정이 있어야 하고, 욕심이 많아야 하고, 가족들을 풍족하게 살도록 하겠다는 의지가 충만해야 하고, 수많은 부자를 만나서 미친 듯이 배우겠다 다짐해야 하고, 주어진 일에서 최고가 되어 인정받고야 말겠다 외쳐야 하고, 남이 부자가 되는 걸 보며 나 자신도 부자가 되겠다 두 주먹 불끈 쥐어야 하고, 언제나 빠릿빠릿해야 하고, 남들의 말에 언제나 경청해야 하고, 팔자타령 같은 것은 절대 하지 말아야 하고, 의심 같은 것은 아예 집어 던져야 하고, 항상 투자를 즐겨야 한다. 바로 그런 사람이 부자가 된다는 것을 잊지 말아야 한다.

그저 평범하게 사는 게 좋은가? 그냥 주어진 월급에 만족하고 사는 게 좋은가? 사장이 매월 주는 먹잇감을 웃으면서 받아먹는 게 좋은가? 도전 같은 것은 남들이나 하는 거라고 외면하는 게 좋은가? 투자는 요즘 같은 시대에 하는 게 아니라고 자위하는 게 좋은가? 부자가 되는 것은 남의 이야기라고 말하는 게 좋은가?

이런 사람들이 언제까지 웃으면서 살 것 같은가? 이 험한 자본주의 사회에서 언제까지 자기 삶에 만족하면서 살 것 같으냔 말이다. 이 무슨 초라한 삶인가? 한 번 태어난 인생 아닌가? 멋지고 당당하게 부자의 삶을 살자.

096

돈의 노예가 되지 않을 자신이 있는가?

자본주의 사회에서 보통 사람들은 열심히 저축하라고 강요받는다. 저축하지 않으면 바보라고 이야기하는 것 같다. 저축과 함께 펀드도 하라고 한다. 펀드를 하면 나중에 큰돈을 만질 것처럼 광고한다. 자본주의 사회에서 금융은 다 이런가 보다.

그런데 저축하고 펀드하면 부자가 될까? 그저 아껴 쓰라고만 한다. 낭비하지 말라고 한다. 그렇게 모은 돈을 은행에 열심히 저축하고 펀드에 가입하라고 한다. 이게 정말 옳은 일일까?

은행 이자가 물가상승률보다 높은가? 절대 그렇지 않다. 은행 이자는 물가상승률보다 높을 수가 없다. 은행도 잘 안다. 하지만 은행은 자기의 이익을 위해 계속 저축하라고 광고한다.

펀드도 마찬가지다. 펀드로 큰 수익을 얻은 것은 주가가 폭등할 때였다. 지금 같은 저성장 시대에 펀드로 큰 수익을 얻는다는 것은 말이 안 된다. 마이너스만 피해도 정말 다행이다. 하지만 증권 회사에서는 펀드에 가입하라고 말한다. 펀드에 가입하지 않는 것은 자본주의 바보라고 하면서 말이다. 그 말을 듣고 펀드에 가입한다. 그러면서 안심한다. 바보가 되지 않은 것 같아서 말이다.

보험 회사도 다르지 않다. 보험 회사는 보험에 더 많이 가입하라고 한다. 쉽게 해약하면 손해를 본다면서 보험 계약을 유지하게 한다. 그러다 보니 많은 사람이 보험 회사의 노예로 살아간다.

대부분의 사람들은 직장 생활을 시작하고 결혼을 하고 아이를 낳은 뒤 좋은 집을 구해서 행복하게 사는 게 꿈일 것이다. 하지만 좋은 집을 구하려면 은행 대출을 받지 않을 수 없고, 대출을 받으면 그 이자를 갚느라 허리가 휜다.

대출 이자를 하루라도 빨리 갚고 싶지만 아이 교육비와 생활비가 늘어나다 보니 그것도 지극히 어려운 일일 뿐이다. 계속 은행의 노예가 되는 것이다. 당신의 인생이 은행에 막대한 이익을 만들어 주는 구조로 바뀐다는 사실을 알아야 한다.

아파트 구입할 돈이 부족해서 전세나 월세로 산다면 집주인의 노예가 되는 것이요, 집주인의 요구에 따라 전세금과 월세금을 계속 올려 줄 수밖에 없다.

게다가 월급이 물가 상승 속도만큼 오르는 것이 아니어서 계속 힘들 수밖에 없다. 물가가 오르는 것, 즉 인플레이션은 또

Part 03
부자가 되는 지혜

다른 세금이라 할 수 있다. 정부가 직접 걷는 세금이 전부가 아니다. 매년 오르는 물가 또한 세금이라 할 수 있는 것이다.

정부에 세금을 내지 않고는 살 수가 없다. 그런데 열심히 일해서 월급이 오르면 오를수록 세금이 더 많아진다. 세율이 높아져서 연봉 1억이 넘으면 40퍼센트 이상을 세금으로 내야 한다. 정부의 노예가 되는 것이다. 전문직도 마찬가지다. 의사, 변호사 등의 전문직도 세금 때문에 얼마나 힘들어하는지 모른다. 정부의 세금 징수에 불만이 크지만 어떻게 하겠는가? 세금을 내지 않으면 누구든 교도소에 가야 하는데. 세금은 죽을 때까지 우리를 괴롭힌다는 사실을 잘 알고 있을 것이다.

이게 당신이 바라던 삶인가? 은행의 노예로 살고 증권 회사의 노예로 살고 보험 회사의 노예로 살고 집주인의 노예로 살고 물가의 노예로 살고 정부의 노예로 사는 것이 당신이 그토록 바라던 삶이란 말인가?

이 책을 읽는 당신도 자신이 자본주의 사회에서 노예처럼 살고 있다는 것조차 몰랐을 수 있다. 사실이라면 그 꽉 막힌 생각에서 하루라도 빨리 벗어나야 한다. 다시 말하지만 우리 대부분은 노예로 살고 있다. 노예 생활에서 벗어나야 하지 않겠는가?

정부는 이러한 노예들이 거대한 부자가 되기를 바라지 않는다. 겉으로는 국민을 위하는 것 같지만 실제로는 그렇지 않다. 보통 사람이 거대한 부자가 되는 것을 왜 바라지 않을까?

거대한 부자는 막대한 세금 혜택을 받기 때문에 일반인이 내는 세율보다 월등히 적은 세율을 적용받는다. 탈법이 아니다. 합법적으로 세금을 적게 내다 보니 정부가 싫어할 수밖에 없는 것이다.

은행은 당신이 은행을 벗어나는 것을 싫어한다. 당신이 은행을 벗어나면 어떻게 될까? 은행은 당신이 저축한 돈을 가지고 대출해 주고 프로젝트 파이낸싱 대출도 하면서 이익을 추구해야 한다. 그런데 당신이 저축하지 않으면 막대한 이자를 주면서 어디에선가 돈을 빌려 와야 하지 않겠는가? 게다가 당신이 주택담보대출을 받아야 또 돈을 버는데 대출하지 않으면 은행은 힘든 상황에 처할 수 있다. 그러니 은행은 당신이 노예 상태에서 벗어나는 것을 절대 바라지 않는다. 당신이 그저 지금 그 상태로 지내기를 바란다.

증권 회사는 다를 것 같은가? 펀드로 막대한 이익을 본 모 증권사에서 이런 광고를 한 적이 있다. "장기 투자가 답입니다." 이게 정말 당신을 위한 답일까? 웃기는 소리다. 장기 투자는 당신을 위한 게 아니다. 장기간 펀드에 가입하면 무조건 수익이 날 거라고 보는가?

나도 펀드에 거액을 쏟아붓고 증권 회사의 말만 믿었다가 2008년 금융 위기 때 수천만 원을 손해 본 적이 있다. 증권 회사 말대로라면 오래 가지고 있었으니 수익이 많아야 할 텐데 오히려 큰 손해만 입고 말았다.

Part 03
부자가 되는
자네

또한 주가가 내려가건 올라가건 상관없이 무조건 펀드에 가입해야 한다고만 한다. 그게 누굴 위한 것인가? 그들은 주식은 무조건 오르니까 펀드에 가입해야 한다고만 한다. 정말로? 정말 웃기는 소리다.

사람들이 펀드에 많이 가입해야만 그들의 수익이 많아지고, 그 수익을 가지고 더 큰 사업을 하는 게 아닌가? 그러니 펀드에 더 많이 가입시키는 것이고, 그 펀드를 오랫동안 유지해야 더 큰 수수료를 얻기 때문에 계속 펀드를 유지시키는 것이다. 그게 그들의 속셈이다.

보험 회사도 마찬가지다. 실제로 별 도움이 되지 않는 보험에 가입하라고 한다. 그랬다가 나중에 우리가 잘못 가입했다는 것을 알고 해약하기를 바란다. 그래야 막대한 이익을 얻을 수 있다. 해약하지 않고 계속 유지해도 거기에서 들어오는 현금 수입이 정말 막대하다. 보험 회사는 해약해도 좋고 계속 유지해도 좋은 구조를 가지고 있는 것이다.

게다가 보험 회사는 아무나 보험설계사로 받는다. 보험설계사가 되면 친인척, 친구 등에게 보험 상품을 판매하기 때문에 회사 입장에서는 더 많은 수익을 얻을 수 있는 것이다. 보험설계사가 어떻게 되든 말든 회사의 관심 사항이 아니다. 보험설계사를 통해 어떤 보험 상품에 가입했는지도 회사의 관심 사항이 아니다. 회사의 관심사는 오직 이익이다. 결국 보통 사람들은 보험 회사의 노예가 되고 마는 것이다.

서민들이 불쌍하다고 물가가 몇 년 동안 안 오르겠는가? 물가는 보통 사람들을 미치게 만들고 힘들게 만들고 지치게 만든다. 아무리 한숨을 쉬어도 4000원짜리 자장면은 5000원이 되고 또 6000원이 된다. 가만히 있어도 그렇게 된다. 내가 숨만 쉬고 살아도 그렇게 된다. 아무리 물가를 올리지 말라고 시위해도 물가는 계속 오른다. 그러니 물가의 노예로 살 수밖에 없는 것이다. 물가는 정부가 의도적으로 올리는 것이니 물가의 노예가 아니라 정부의 완전 노예로 사는구나 싶다.

어떤가? 당신이 자본주의 사회에서 보통 사람으로 산다는 것은 정부와 수많은 이익 집단의 노예로 산다는 것과 일맥상통한다. 소수를 살리기 위해 죽을 때까지 노예로 살아갈 수밖에 없다는 것을 알아야 한다.

이렇게 살고 싶은가? 이렇게 계속 노예로 살고 싶은가?

이 노예 생활에서 벗어나는 방법은 있다. 나처럼 소형 아파트 임대 사업을 하면 지긋지긋한 노예 생활에서 벗어날 수 있다. 당신은 당신 인생의 주인이자 자본주의 사회의 주인으로 살 수 있다. 소형 아파트 임대 사업을 하면 은행에 이용당하는 게 아니라 은행을 이용해서 부자가 되므로 당신은 은행을 이용하는 주인이 된다.

또한 임대 사업을 하면 증권 회사 같은 곳은 아예 쳐다보지도 않는다. 소형 아파트 임대 사업은 손실 위험이 거의 없으면서 수익은 펀드보다 수십 배가 많은데 왜 증권 회사의 펀드에 신경 쓰겠는가? 증권 회사의 노예가 될 일이 없다.

Part 03 부자가 되는 지혜

세금 때문에 정부의 노예가 되는 걱정도 할 게 없다. 임대사업자는 보통 사람들보다 월등히 적은 세율로 사업하기 때문에 세금 걱정도 없고 임대 수익으로 모든 세금을 내고도 아주 큰 금액이 남으니 다른 걱정도 할 게 없다. 혹시 정부가 임대사업자들을 미워하지 않을까? 자기 밑에서 노예로 살았으면 하는데 오히려 정부를 이용하고 있으니 말이다.

물가? 임대사업자는 물가가 오르는 것을 좋아한다. 물가가 오르는 속도보다 전세가와 월세가의 상승 속도가 빠르기 때문에 더 기뻐한다. 또한 그들이 지닌 아파트가 많다 보니 물가가 오르는 것과 비례하여 자기 아파트에서 나오는 수입이 훨씬 많아지는 터라 제발 물가가 올라 주기를 바란다. 그러니 물가의 노예가 되겠는가?

어떤가? 소형 아파트를 많이 가진다는 게 얼마나 중요한지 알겠는가? 소형 아파트가 당신을 자본주의 사회의 노예가 아닌 주인으로 살게 한다는 것을 알겠는가?

생명이 없는 소형 아파트가 우리를 노예의 인생에서 구출해 준다는 게 신기할 따름이다.

097

가계부를 쓰면 부자가 못 된다

가계부를 쓰지 말자. 우리는 예전부터 가계부를 쓰라고 들어 왔다. 가계부를 써야 씀씀이를 확인할 수 있고, 그래야 소비를 줄여서 조금이라도 새는 돈을 막는다는 것이었다.

가계부를 쓰면 부자가 될까? 정말 부자가 될까? 콩나물값 몇 백 원, 버스비 몇 천 원, 학원비 몇 만 원 따위를 가계부에 적어서 철저히 분석한 뒤 다음 달에는 무엇을 줄여야겠다고 생각하면 정말 부자가 되는가?

나는 가계부를 쓰면 부자가 되지 않는다고 생각한다. 가계부를 쓰면 생각하는 게 너무 자잘해진다. 하나하나 꼼꼼히 따지는 등 사람이 지나치게 좀스러워진다. 부자는 그렇게 해서 되는 게 아니다.

가계부를 쓰면서 만족감을 느끼는 사람도 있다. 가계부를

쓰면 어디에 어떻게 지출하고 어디로 돈이 빠져나가는지 파악할 수 있다지만, 그게 당신 인생에 도움이 될 것 같은가? 몇천 원, 몇 만 원을 어디에 소비하는지 잘 파악하면 정말 부자가 될 것 같은가?

부자가 되려면 배포도 커야 하고, 생각도 커야 하고, 다른 사람들에게 베풀 줄도 알아야 하고, 상대방을 용서할 줄도 알아야 하고, 어쩔 수 없이 손해 볼 때는 확실히 손해도 봐야 하는데 가계부를 쓰는 사람에게는 어려운 일이다.

월급이라는 게 한정되어 있는데 가계부를 써 봐야 얼마나 아끼겠는가? 아껴 봐야 몇 만 원이다. 가계부 같은 것 쓰지 말고 남는 돈이 있으면 자기 자신을 위해서 열심히 투자하라. 책을 사서 보든지, 운동을 하든지, 학원에 다니든지, 전략적으로 좋은 옷을 사 입든지, 자기 계발을 하라. 아니면 주변의 좋은 사람들에게 선물을 보내든지. 소중한 사람들에게 선물하는 것이 가계부를 쓰는 것보다 몇 천 배 효과를 낼 것이다. 그것을 알아야 한다.

책도 많이 읽지 않는 사람이, 항상 싸구려 옷만 입고 다니는 사람이, 돈이 아까워 술 한잔 사지 않는 사람이, 자기 계발에 관심도 없는 사람이, 소중한 사람들에게 선물 한 번 보낼 줄 모르는 사람이 가계부만 쓰면 부자가 되겠는가?

제발 가계부를 찢어 버리자. 그래야 당신이 더 큰사람이 되고 더 큰 부자가 된다.

098
· · · · ·
우리의 평범한 사고방식 10

대부분 사람들은 아래와 같은 사고방식을 가지고 있다.

① 나는 결코 부자가 되지 못할 것이다

이렇게 생각하는 한 절대 부자가 될 수 없다. 나라고 부자 되지 말라는 법 있나? 하는 배짱을 가져야 한다. 소형 아파트에 수없이 투자해 봐서 아는데, 연봉이 얼마 되지 않아도 큰 부자가 될 수 있다. 그 방법을 들어 본 적이 없고 그 어떤 부자도 당신에게 알려 주지 않았기에 부자가 된다는 생각을 못 하는 것이다.

② 부자는 탐욕스럽다

꼭 가난한 사람이 부자를 욕한다. 부자는 절대 탐욕스럽지

않다. 오히려 가난한 사람이 더 탐욕스럽다. 당신도 부자가 되고 싶은 건 사실 아닌가? 그럼 당신도 탐욕스러워지고 싶어서 부자가 되려는 것인가?

③ 부자보다 행복한 사람이 되고 싶다

행복한 부자가 되어 보자. 부자와 비교하는 못난 짓은 그만 두자. 부자가 되어서 지금보다 비교할 수 없을 정도로 더 큰 부자가 되자.

④ 세금은 불공평하다

글쎄! 나도 세금을 꽤 많이 내지만 세금이 불공평한 것 같지는 않다. 세금이 잘 배분되고 제대로 사용되는가가 문제지 불공평한 건 아니다.

⑤ 나는 열심히 일해야 한다

물론 열심히 일해야 한다. 하지만 일해서 부자가 된다는 생각은 버려야 한다. 일만 열심히 하는 게 중요한 것이 아니다. 직장에서 최고가 되어 몸값을 올려야 하고, 올린 몸값을 가지고 최대한 빨리 실물 자산, 즉 소형 아파트에 투자해야 한다. 열심히 일하는 사람이 버는 근로 소득에서 내는 세금이 다른 소득에 대한 세금보다 많다.

⑥ 투자는 위험하다

잘못된 투자는 정말 위험하다. 나도 많이 실패해 봐서 안다. 하지만 제대로 된 투자는 위험하지도 않고 안정된 수입을 가져온다. 재무 지식이 없어서 위험한 투자를 하는 것이다. 내가 보기엔 제대로 된 투자를 하지 않는 것이 더 위험하다.

⑦ 부자가 되려면 좋은 교육을 받아야 한다

MBA를 받으려면 엄청나게 힘들다. 하지만 MBA를 받으면 부자가 되나? 이것은 회사에 필요한 고급 인재를 기르는 것이지 부자가 되려고 받는 자격증이 아니다. 좋은 교육을 받아야 부자가 된다는 것은 옛날 이야기다. 부자가 되려면 올바른 재무 지식이 있어야 한다. 난 지금도 의사, 변호사 등 잘나가는 친구들이 얼마나 버는지 이야기하면 조용히 듣고 웃는다. 그들이 버는 돈은 노동을 통한 수입이지만 내가 버는 돈은 가만히 있어도 죽을 때까지 나오는 현금 흐름이기 때문이다.

⑧ 안정된 직업이 필요하다

공무원이나 교사도 몇 년 지나면 안정적이지 못할 것이다. 시간이 지날수록 안정된 직장은 존재할 수가 없다. 나에게 경제적 힘이 있어야 하고 거대한 무기가 있어야 한다. 그래야 당신의 인생이 안정된다.

Part 03
부자가 되는
자세

⑨ 주식, 채권, 펀드 등에 분산 투자를 해야 한다

웃기는 소리다. 직접 해 보라. 평생 부자가 되는지. 분산 투자는 당신을 부자로 만들어 주지 못한다.

⑩ 나는 공부를 못해서 부자가 되기 힘들다

의사나 변호사가 되려면 좋은 교육을 받아야 하지만 부자가 되는 데는 전혀 필요 없다. 올바른 재무 지식을 갖추고 하루라도 빨리 봉급생활자의 현실에서 벗어날 수 있어야 한다. 하루라도 빨리 공부 타령에서 벗어나 소형 아파트에 투자해야 한다. 내가 말하는 소형 아파트 투자의 세계에 공부를 잘한 의사나 변호사는 별로 없다. 얼마나 다행인가, 안 그런가?

099

·····

당신의 그 평범함을 거부하라

난 강의할 때마다 10대 90의 법칙을 이야기한다. 전체 인구의 10퍼센트만 경제적 부를 갖고 나머지 90퍼센트는 가난하게 살 수밖에 없다고.

안 그런가? 내 말이 맞을 것이다. 세상은 그렇게 돌아가게 되어 있다. 그 90퍼센트의 사람들은 그저 평범하게 살려고 노력한다. 별의별 이야기를 다 해 봐도 소용이 없다. 아집인지 고집인지, 참 신기할 따름이다.

그들이 말하는 평범한 생각은 이런 것들이다.

1. 좋은 학교에 들어가야 한다.
2. 좋은 직장, 대기업에 들어가야 한다.
3. 열심히 일해야 한다.

4. 근검절약하고 돈을 아껴 써야 한다.

5. 내가 사는 집이 전 재산이다.

6. 빚은 무조건 빨리 갚아야 한다.

7. 주식, 펀드, 채권 등에 분산 투자를 해야 한다.

8. 위의 투자에 장기 투자를 해야 한다.

9. 퇴직하면 국민연금을 받아서 살 수 있다.

이 평범한 생각이 당신을 더욱 가난하게 만든다는 것을 모르겠는가?

언제까지 그렇게 바보같이 살겠는가?

언제까지 그렇게 평범하게만 살겠는가?

언제까지 그렇게 돈에 쪼들리면서 살겠는가?

이 평범하고도 바보 같은 생각에서 벗어나라.

그러지 않으면 당신은 언제나 돈의 노예로 살 수밖에 없다.

100

나는 왜 부자가 되었는가?

나는 원래 과소비 같은 것을 할 줄 모르는 사람이다. 명품 같은 것은 가지고 있지도 않다. 어릴 때부터 근검과 절약을 배워 왔고, 나이가 들어서도 변하지 않는다. 술을 마셔도 막걸리지 양주 같은 건 입에 대지도 않는다. 골프를 치는 것도 아니고 해외여행을 다니는 것도 아니고 그저 일에 미친 사람이라고나 할까? 남들이 보면 저 사람이 정말 부자 맞느냐고 반문할 정도로 일에 미친 데다 수수하다.

그런데 왜 부자가 되고 싶었느냐고?

당신은 드라마처럼 값비싼 차를 타고 한량처럼 사는 게 부자라고 생각하는가? 고급 시계를 차고 비싼 옷을 입는 등 언제나 럭셔리해야 부자인가?

내가 생각하는 부자는 그런 게 아니다. 부자란 자유를 확보

Part 03
부자가 되는
자세

285

한 사람이라고 생각한다.

나는 30대 중반에 위암에 걸려서 도저히 일을 할 수가 없었다. 항암 치료를 받느라 몸이 힘들어서 보험설계사 일을 계속할 수가 없었다. 일 욕심이 많은 내가 일을 할 수 없다는 게 아쉬웠지만 이보다 더 큰 문제는 일을 못 하니 월급이 나오지 않은 것이다. 일을 하지 않는다는 이유로 월급이 안 나온 것이 내가 세상을 다시 보는 계기가 되었다. 내가 아프거나 다치면 회사에서는 당연히 월급을 지급하지 않는다는 사실에 크게 얻어맞은 기분이 들었다고 할까.

이때부터 부자가 되겠다고 생각했다. 경제적 자유를 가진 사람이 되어야 한다는 사실을 깨달은 것이다. 내가 아파도 계속 수입이 발생하도록 만들어 놔야지 그러지 않으면 굉장히 힘든 생활을 할 수밖에 없다는 것, 내가 아프고 다쳐도 회사는 날 책임져 주지 않는다는 것을 절감했다. 이때부터 사고방식이 조금씩 달라졌다. 아픈 몸을 이끌고 전국 곳곳을 돌아다니며 부동산을 연구했다. 물론 부동산 투자에 수없이 실패하며 많은 돈을 날리기도 했다.

또 한 번 내 인생이 달라진 계기는 내 의지와 상관없이 회사를 그만둔 것이다. 적자가 심해서 폐업할 수밖에 없다는 이유로 아무 잘못도 없이 회사를 떠나야만 할 때 또 한 번 절실히 느꼈다. 내 인생이 내 의지대로 움직이지 못하는 상황에 처하자 다시 한 번 꼭 부자가 되겠다고 다짐하고 또 다짐했다. 회사에서 잘리거나 어떤 큰일이 있더라도 내 인생이 영향받지 않을 만큼 큰 부자가 되어야겠다고 다짐했던 것이다.

나에게 경제적 자유는 아주 절실한 문제였다. 사고 싶은 것을 마구 살 수 있는 자유가 아니라 어려움에 처했을 때 당당하게 해결할 수 있는 거대한 부자가 되고 싶었다.

또한 시간의 자유를 갖고 싶었다. 샐러리맨 생활을 하다 보면 내가 일하는 게 전부 회사를 위한 것이고 나의 모든 시간이 일에만 집중될 수밖에 없다. 휴일에 출근하는 일도 있다. 이게 도대체 누구의 인생인가? 분명히 나의 인생인데 나의 인생이 아니다.

이런 게 싫었다. 저 높은 곳에 아름다운 태양이 떠 있고 봄바람이 살살 불어올 때면 내 맘대로 여행도 다니고 싶고, 내 맘대로 돌아다니면서 여러 부동산도 보고 싶고, 아무 때나 만나고 싶은 사람도 만나고 싶고, 낮술도 마셔 보고 싶었다. 왜 내 소중한 시간을 회사 일에 묶어 놓고 그 조그마한 사무실에서 젊음을 다 쏟아야 한단 말인가?

또 한 가지는 선택의 자유다. 나는 살면서 선택하고 싶은 게 많았다. 당신도 그럴 것이다. 살아가다 보면 선택할 것이 많아서 고민하게 된다. 그런데 경제적인 이유로 그 선택을 포기하는 것만큼 초라한 일도 없지 않겠는가? 내 월급이 이만큼이니 항상 이 정도 선에서만 선택해야 하는 게 나 자신을 얼마나 작게 만드는가? 그게 싫었다. 내 선택에 어떠한 제한이 가해지는

게 싫었다. 내 맘대로 선택할 수 있는 자유를 가지고 싶었다. 나 자신의 가능성에 한계는 없는 터 언제나 더 크고 웅장한 가능성에 도전하고 싶었다. 그런데 경제적인 이유 때문에 선택도 못 하고 도전도 못 한다면 너무나도 초라한 삶 아닌가? 그게 싫었다.

나는 부모님을 보면서 수없이 배웠다. 월급만 가지고 생활하다 보니 뭔가를 해 보고 싶어도 항상 주저하고 언제나 생각과 행동이 작았다. 수입이 많지 않은 걸 친척들이 무시해서 갈등이 생기기도 했다. 옷을 골라도 시장에서 싸구려만 사고, 무서워서 투자도 못 하고, 항상 저렴한 음식만 먹고, 돈이 들까 봐 만남도 자제하고, 외국 여행 한 번 못 했다. 우리 부모님은 이렇게 살았다. 난 이 세상에서 가장 존경하는 분이 아버지다. 가장 존경하는 아버지가 사는 모습을 보며 절대 똑같이 살지 말자는 생각을 참 많이 했다.

당당하게 살고 싶었다. 비굴하게 살고 싶지 않았다. 경제적으로 여유를 갖고 싶었다. 돈을 벌기 위해 억지로 일하는 게 아니라 내가 하고 싶은 일을 하고 싶었고, 나에게 주어진 시간을 나의 것으로 만들고 싶었다. 돈 때문에 항상 싸구려 옷만 입고 저렴한 음식만 먹어야 하는 인생을 살고 싶지 않았다. 내가 가장 존경하는 아버지처럼 살고 싶지 않았다.

난 지금 그렇게도 바라던 부자의 삶을 살고 있다. 나에게 가장 큰 행복은 뭘까? 좋은 집에서 사는 것? 좋은 차를 타고 다니는 것? 돈을 맘껏 쓰고 살 수 있다는 것?

아니다, 솔직히 이런 것은 큰 만족감을 주지 못한다. 부자가 되어서 가장 행복한 것은 내 인생을 내 맘대로 살 수 있다는 것, 즉 경제의 자유, 시간의 자유, 선택의 자유를 모두 가지고 있다는 점이다. 또 한 가지는 부자가 된 경험과 실패 그리고 재능을 선하고 열심히 사는 당신에게 전파해서 큰 도움을 주는 사람이 되었다는 것이다. 바로 이것이 가장 만족스럽다.

부자가 되니 남들에게 굽신거릴 필요도 없지 않은가? 불의를 보면서 참을 필요도 없지 않은가? 나쁜 일임을 알면서도 출세를 위해서 모른 체하는 비굴한 태도를 보일 필요도 없지 않은가? 회사에서 잘릴까 봐 옳은 말 한 번 제대로 못 하고 살 필요도 없지 않은가? 소중한 가족과 함께하는 시간을 더 많이 가질 수도 있지 않은가? 소중한 사람들 또는 열심히 사는데 힘들어하는 사람들에게 나의 노하우를 전파해서 도와줄 수도 있지 않은가? 내가 도와준 사람들이 덕분에 인생이 완전히 바뀌었다고 고마워할 때 얼마나 큰 기쁨을 느끼겠는가?

그래서 난 행복하다. 부자는 이런 것이다. 물질의 풍요를 느끼면서 만족해하는 부자가 아니라 남들과 함께하며 당당하게 살아가는 선한 부자, 올바른 부자가 행복하게 사는 부자 아니겠는가?

이 책을 읽는 당신도 그런 부자가 되면 어떨까?

왕초보도 100% 성공하는

부동산 투자
100문 100답

부록 | 시크릿 노트

1. 박정수가 말하는 소형 아파트 투자 시 유의사항

2. 나의 소형 아파트 투자 실패 사례

3. 박정수의 투자 조언 10계명

박정수가 말하는
소형 아파트 투자 시 유의사항

소형 아파트에 투자할 때는 아래 사항에 유의해야 한다. 아주 중요한 사항이니 집중해서 잘 읽어 주기 바란다.

___

첫 번째, 고가의 소형 아파트는 안 된다

우리가 투자하려는 소형 아파트는 일반 서민이 쉽게 전세 들어와서 살 수 있는 아파트를 말한다. 누구든 부담 없는 가격에 쉽게 들어올 수 있는 소형 아파트.

하지만 서울에는 5-6억이 넘는 소형 아파트가 있다. 이런 아파트는 절대로 투자를 피해야 한다. 이렇게 비싼 아파트는 수요층도 적을뿐더러 이후에 가격 조정을 받을 확률도 높다.

다시 말하지만 우리는 일반 서민이 쉽게 전세 들어올 수 있는 소형 아파트에 투자하는 것이지 비싼 소형 아파트에 투자하는 게 아님을 명심해야 한다.

두 번째, 주변 다른 아파트의 공급 계획을 확인해 봐야 한다

서울과 수도권은 주변의 공급이 크게 이루어지기 힘든 만큼 아파트가 거의 다 지어져 있고, 또한 공급이 있다 해도 규모가 크지 않기 때문에 신경 쓸 일이 없지만, 지방은 아파트 지을 땅이 많기 때문에 주변 다른 아파트의 공급 유무에 신경 써야 한다.

나의 예를 들자면 6여 년 전 대전의 아파트를 구입했다. 매매가와 전세가의 차이가 아주 작은 아파트를 구입하게 되어 얼마나 기뻤는지 모른다. 대도시 대전에도 이런 아파트가 있다는 사실에 나도 놀랐으니까.

하지만 내가 간과한 것이 바로 대전의 아파트 공급 계획이었다. 그 당시 대전은 막대한 아파트 공급량이 계획되어 있었다. 아무리 소형 아파트가 인기 있고 수요가 많다 하더라도 엄청난 공급량에 매매가와 전세가가 휘청댔다.

몇 천 세대의 공급이 아니라 몇 만 세대의 엄청난 공급을 고려하지 않았기에 나 역시 대전의 소형 아파트 투자는 빛을 발

하지 못하고 말았다. 그래도 한 번 휘청대고 나면 다시 소형 아파트가 힘을 낼 거라 생각했다. 하지만 그것도 잠시였을 뿐 이후에는 세종시라는 폭탄급 아파트 공급이 기다리고 있었다. 세종시는 약 3년 전부터 상상하기 힘들 정도로 엄청난 아파트 공급이 이루어졌고, 지금도 많은 아파트 공급이 계획되어 있다.

두 번에 걸친 대전의 아파트 공급으로 중대형 아파트와 소형 아파트 가릴 것 없이 대전의 모든 아파트가 냉각기에 들어갔고, 지금도 대전의 아파트 매매가 및 전세가 상승률은 전국 최하위다. 나는 이 막대한 공급을 알면서도 소형 아파트는 무조건 안전하다고 맹신한 결과 큰 낭패를 본 것이다.

대전뿐만 아니라 지방 아파트는 인근의 아파트 공급에 따라 매매가와 전세가 조정을 받는다. 우리가 소형 아파트에 투자하는 것은 안정된 수익을 얻기 위함이지 수년 동안 수익도 구하지 못한 채 기다리기 위함은 아니지 않은가?

세 번째, 거대한 산업 단지가 없는 도시는
피해야 한다

예를 들어 보자. 울산에 매매가 2억 원에 전세가 1억 8000만 원짜리 소형 아파트가 있고, 전주에 매매가 1억 3000만 원에 전세가 1억 1500만 원짜리 아파트가 있다고 해 보자.

두 아파트 중 투자에 적합한 아파트는 어느 쪽일 것 같은가? 대부분의 사람들은 매매가와 전세가의 차이가 작은 전주의 소형 아파트를 선택할 것이다. 울산의 소형 아파트는 2000만 원이 필요하지만 전주의 소형 아파트는 1500만 원만 투자하면 되기 때문에 전주의 소형 아파트를 더 좋은 투자 대상으로 보는 것이다. 실제로 전주의 경우 인터넷 카페를 통해 소형 아파트 투자를 전문으로 하는 사람들이 한꺼번에 와서 이런 소형 아파트를 싹쓸이하기도 했다.

하지만 내가 보기에는 전주의 소형 아파트보다는 울산의 소형 아파트가 훨씬 좋은 투자 대상이다. 항상 강조하지만 우리가 투자해야 하는 지방은 무조건 거대한 산업 단지가 있어야 한다. 산업 단지가 있어야 끊임없이 수요가 창출되고, 도시가 살아 움직이고, 상가나 학원 시설이 활기를 띤다. 도시에 산업 단지가 없으면 인구 유입이 없어 젊은 사람들이 점점 더 줄어들기 때문에 도시가 활력을 잃으면서 소형 아파트의 인기가 계속 이어지기 힘들다.

네 번째, 대단지 아파트여야 한다

적어도 700-800세대가 넘는 아파트를 선택해야 한다. 1000세대 이상이면 더욱 좋다. 주변에 대단지 아파트가 즐비하다면

더더욱 좋을 것이다.

대단지 아파트가 들어서면 우선 교통이 좋을 테고, 학원가도 형성될 것이고, 주변에 상가 등 편의 시설이 많을 것이다. 대부분의 사람들이 주거지로 좋아할 수밖에 없다.

하지만 아파트 세대가 적다면, 동수가 적다면 매매가와 전세가의 차이가 작다 하더라도 절대 투자하면 안 된다. 이런 아파트는 투자의 무덤이 될 확률이 높다.

내가 아주 초보일 때 인터넷의 소형 아파트 투자 카페를 통해 소형 아파트를 구입한 적이 있었다. 지역은 대전과 아산 두 군데였다. 물론 매매가와 전세가의 차이가 작았기에 당연히 지체 없이 구입했다. 하지만 이 아파트들은 차이는 작았을지언정 세대수가 200-300세대에 불과했다.

분명히 인터넷 투자 카페에서는 위치가 아주 좋은 아파트라고 선전했고, 나 또한 그 말을 전적으로 믿고 얼마나 기분 좋았는지 모른다. 하지만 이 아파트들은 좋은 위치에 존재하든 말든 10여 년이 지난 지금까지도 매매가와 전세가가 거의 오르지 않는다. 물가는 계속 오르는데 이 아파트들은 오르지 않아서 나의 마음을 정말 아프게 하는 존재가 되었다. 한마디로 크게 실패한 투자다.

매매가가 떨어지지 않았으니 실패한 것은 아니지 않느냐고 반문할지도 모르겠으나 시간이 10년 가까이 지났는데도, 물가는 엄청나게 올랐는데도 매매가나 전세가나 거의 한 푼도 오르지 않았다는 것은 손해 본 거나 다름없다. 내가 가지고 있는 200여 채 아파트 중에 이렇게 가격이 오르지 않은 아파트는 정말 드물다. 그때 인터넷 카페에서 이 아파트를 무슨 근거로 아주 좋은 아파트라고 소개해 주었는지 지금도 잘 이해되지 않는다.

하지만 문제는 그 카페가 아니라 나 아니겠는가? 아파트를 제대로 볼 줄 아는 실력을 갖추지도 못했고, 모든 사람이 나처럼 착하려니 생각한 게 문제 아니겠는가?

다섯 번째, 전세가가 단시간에 오른 아파트는 피해야 한다

서울에 내 명의의 소형 아파트를 갖고 싶었다. 아파트 투자자라면 누구나 서울에 자기 명의의 아파트를 갖고 싶어 하지 않을까?

이런 욕심이 또 하나의 투자 실패 사례를 낳고 말았다. 지난해 서울에 소형 아파트를 구입했는데 주변의 재개발로 인해 갑자기 전세가가 치솟으면서 매매가와 전세가의 차이가 극히 작아진 경우였다. 나는 이러한 사실을 모른 채 무조건 기회라 생각하여 투자했다. 그때는 참 기뻤다. 서울에 좋은 소형 아파트를 마련했다고 생각했으니까.

그런데 전세를 살던 사람이 지방 발령이 나서 전세 들어온 지 5개월 후에 나가겠다고 하는 것이었다. 난 별문제가 없을 거라고 생각했다. 하지만 현실은 달랐다. 그사이 주변 재개발로 인한 전세 수요가 없어져서 전세가가 2000만 원 정도 떨어진 것이다. 즉 투자한 지 5개월 만에 2000만 원을 손해 보면서 새로운 세입자를 구한 것이다.

난 이 아파트를 통해 큰 것을 깨달았다. 전세가가 갑자기 단시간에 크게 오르는 아파트는 다시 한 번 깊게 생각해 봐야 한다고. 매매가와 전세가가 장기간 동반해서 올라야 좋은 아파트다.

아파트를 검색할 때는 전세가 상승 추이를 꼭 살펴보기 바란다. 전세가가 오랜 기간 완만하게 계속 오른 아파트가 투자 대상임을 명심하기 바란다.

나의 소형 아파트 투자 실패 사례

이 책을 읽는 독자 여러분은 내가 수많은 아파트를 소유하기까지 만사가 잘 풀렸을 거라고 생각할 것이다. 하지만 나도 소형 아파트에 투자하면서 실패한 경험들이 있다. 큰 금액을 손해 봐야 했기에 땅을 치고 후회할 수밖에 없었던 경험들이다. 소형 아파트 투자 실패 사례를 공유해 보고자 한다. 나의 실패 사례가 당신이 소형 아파트 투자를 시작하는 데 도움이 될 것이다.

대전의 소형 아파트로 2억 원을 날리다

지금 말하고자 하는 아파트는 다시 생각해 봐도 화가 치밀어 오르는 사례다. 내가 얼마나 멍청하고 바보 같았으면 이런 결정을 했을까 싶을 정도로 화가 나는 대전의 아파트.

나는 항암 치료를 받으면서도 아픈 몸을 이끌고 미친 듯이 보험설계사 일을 했다. 너무나도 성공하고 싶고 부자가 되고 싶은데 소형 아파트가 유일한 투자 방법이라고 생각했기 때문

부록 시크릿노트

299

에 오직 그 하나의 목표만 가지고 일했다.

주변의 동료들이 나를 보며 미쳤다고 할 정도였다. 저 아픈 몸을 이끌고 어떻게 저렇게 일을 하느냐고 하면서 돈에 환장한 것 아니냐고 하는 사람도 있었다.

그도 그럴 것이 일하다가 기절하거나 전철에서 쓰러지기도 하는 데다 구토는 예사였다. 90킬로그램에 가깝던 몸무게가 63킬로그램까지 빠진 상태에서 죽어라 일에 매달렸으니 내 몸이 견디기 힘들었을 것이다.

하지만 난 그 상태에서도 일했다. 건강한 사람들보다 더 많은 시간을 일에 파묻혀 살았다. 내 책상 옆에 라쿠라쿠 침대를 준비해 놓고 몸이 견디지 못하면 잠깐씩 잠을 청하며 일하고 또 일해서 돈을 벌었다.

그러던 어느 날 대전에 있는 부동산에서 연락이 왔다. 대전에 좋은 소형 아파트가 있으니 빨리 내려와 보라는 것이었다. 대전 복합버스터미널 인근 한복판에 들어서는 만큼 향후 발전 가능성이 크다고 하는데 17평 아파트의 매매가가 겨우 6000만 원이었다.

여러분 같으면 어떻게 하겠는가? 평당 350여만 원밖에 하지 않는 소형 아파트였다.

나는 이 아파트를 소개해 주는 분에게 사례비는 얼마든지 드릴 테니 제발 많이 좀 구입해 달라고 거듭 부탁했다. 소개하는 분은 이 아파트가 거의 다 팔려서 이제는 남은 게 없다고

너스레를 떨었고, 나는 그 말을 사실이라고 믿은 나머지 부탁하고 또 부탁했다. 결국 이분의 노력(?) 덕분에 아파트 여섯 채를 구입할 수 있었다.

이 아파트를 구입했을 때 얼마나 기뻤는지 모른다. 이 브로커분이 얼마나 감사한지 여러분이 생각하기 힘든 금액의 높은 사례비까지 전했다.

그런데 이 아파트가 나에게 커다란 아픔이 되고 말았다.

이 아파트는 6000만 원이다. 여러분 같으면 이 아파트를 사겠는가? 바로 사겠다고 말하는 분이 있다면 아직 이 책의 내용을 제대로 이해하지 못한 것이다.

내가 말하는 아파트 투자 조건은 매매가와 전세가의 비율이다. 즉 내가 매매가 6000만 원짜리 17평 아파트를 사겠느냐고 물어보면, 당신은 곧장 전세가를 물어봐야 한다. 그래야 이 책의 내용을 완벽하게 이해한 것이다.

이 아파트는 매매가가 6000만 원밖에 안 되는 아주 저렴한 아파트다. 그런데 전세가 2000만 원이다. 다시 말하는데 전세가가 2000만 원이다. 그리고 대출이 2500만 원이다. 여러분 같으면 이런 아파트를 사겠는가? 절대 안 살 것이다. 이런 아파트는 투자 대상이 아니라 쓰레기라는 것을 잘 알 테니까 말이다. 그런데 내가 이런 아파트를 여섯 채나 산 것이다. 여섯 채나 말이다.

이 아파트를 사는 데 세금과 사례비 등을 포함해서 2억 원

가까이 들었다. 이 2억 원은 그냥 쉽게 번 돈이 아니라 항암 투병 중에도 일을 놓지 않고 내 몸을 희생해 가면서 어렵게 번 돈이었다.

지금 이 아파트의 전세가는 얼마나 될 것 같은가? 여전히 2000만 원이다. 솔직히 세입자를 구하는 것도 쉽지 않다. 세입 자를 구할 때마다 여간 힘든 게 아니다.

그렇다면 이 아파트의 매매가는 얼마일 것 같은가? 5800만 원이다. 아파트를 산 게 거의 8년 전이니까 8년 동안 가격이 떨어진 것이다. 인기가 워낙 없는 소형 아파트이다 보니 전세가 가 오르지도 않을뿐더러 매매가는 오히려 떨어진 것이다. 그 것도 한 채가 아니라 여섯 채가 말이다.

이 아파트를 소개해 준 분은 어디에서 무엇을 할까? 이분은 전화를 해 봐도 받지 않는다. 결번이라고 나온다.

게다가 이 아파트는 팔고 싶어도 팔리지도 않는다. 누가 이런 아파트를 사겠는가?

지금도 이 아파트만 생각하면 너무나도 마음이 아프다. 부동 산 브로커의 밥이 되어 2억 가까운 피 같은 돈을 없앤 나 자신이 너무나 한심했다. 아파트 투자 초보 시절에 정말 큰 수업 료를 치른 실패 사례다.

아무리 소형 아파트라 하더라도 매매가와 전세가의 차이가 크면 절대 투자 대상이 아니라는 것을 강조하고 싶어서 아픈 기억을 꺼내 보았다.

강남의 소형 오피스텔이 나를 미치게 하다

6년 전쯤인가 보다. 소형 아파트 투자에 집중할 때였는데, 우연히 길을 걷다가 강남 오피스텔을 아주 저렴한 금액에 투자할 수 있다는 광고 전단을 보았다. 다른 때 같으면 무심코 지나갔을 텐데 이상하게 그날은 그 전단을 한참 동안 뚫어지게 쳐다보았다.

지금 생각해 봐도 신기하다. 내가 왜 그랬나 모르겠다. 강남 한복판에 내 이름으로 된 아파트 또는 오피스텔을 가질 수 있다는 희망 때문이었을까?

전단을 보고 분양사무실로 곧장 달려갔다. 아무 생각이 없었다. 그냥 싸다면 한번 사고 싶었다. 대한민국 최고 지역인 강남인데 수요는 충분하지 않겠나 싶었다.

분양사무실에서는 원래 금액보다 1000만 원 이상 할인하는 터라 지금 계약하지 않으면 할인 행사가 끝난다고 하면서, 전세나 월세는 회사가 책임지고 구해 줄 테니 걱정 말라고 장담했다.

분양가는 3억이었다. 월세는 관심이 없었기에 전세가를 얼마에 맞출 수 있냐고 물어보니 2억 5000만 원 가까이에 구할 수 있다는 대답이 돌아왔다. 차이가 크긴 했지만 시간이 지나면 단시간에 전세가가 3억 가까이하지 않을까 생각하여 바로 계약했다. 나는 이 계약을 악마의 계약이라고 생각한다. 왜 아무

생각도 하지 않고 이런 악마의 계약을 했을까?

계약을 할 때 분양사무실에서는 강남 최고의 물건이고 전세와 월세 수요가 어마어마할 거라고 자신만만해했다. 하지만 시간이 가면 갈수록 그 자신감은 온데간데없고 결국 전세를 얼마에 줬는지 아는가? 1억 8000만 원에 주고 말았다. 그것도 아주 간신히. 이 오피스텔을 분양받는 데 들어간 금액이 1억 2000만 원이고, 세금과 등기 비용만 1500만 원 가까이 들어갔다. 오피스텔 한 채 사는 데 1억 3500만 원이 들어간 것이다.

이제 와서 분양사무실 직원에게 화를 내 본들 뭐 하겠는가? 이 사람들이야 분양만 하고 자기 수수료만 받으면 되는 거지 전세까지 책임질 입장은 아니잖은가? 아무리 화를 내고 별의별 짓을 다해도 전세가를 높게 올릴 수는 없었다.

오피스텔은 절대 분양받는 게 아니라는 사실을 이때 절실히 깨달았다. 거의 모든 오피스텔은 처음 분양할 때 워낙 높은 금액으로 판매하기 때문에 그때 구입한 사람은 그 오피스텔을 건설한 회사의 호구가 된다는 사실을 그때야 알게 된 것이다. 그 후 오피스텔은 절대로 분양할 때 사지 않는다.

결국 이 오피스텔은 전세가가 상승하여 지금은 2억 3000만 원에 세입자가 살고 있다.

이게 올바른 투자라고 생각하는가? 투자 금액 1억 3500만 원으로 다른 소형 아파트를 샀다면 지금 어떤 결과를 낳았겠는가? 엄청난 수익을 얻었을 것이다. 6년 동안 아파트 수십 채가 되었을 것이다. 거기에서 나오는 수익으로 난 별의별 것을 다 살 수도 있었을 것이다. 하지만 오피스텔에 잘못 투자하는 바람에 내 엄청난 자금이 오피스텔에 갇혀서 움직이지 못하고 썩어 가는 꼴이 되었다.

대전에서 투자에 크게 실패한 데다 또 다른 지역에서 또 실패를 하자 너무나 언짢은 기분에 서울 강남에서 한번 크게 성공해 봐야겠다고 못난 욕심을 부린 게 그런 실패를 가져온 것이다.

앞에서 말한 그 원칙만 제대로 지켰어도 거액을 쏟아붓는 잘못된 투자는 하지도 않았을 것이고, 이렇게 큰 후회도 하지 않았을 텐데 말이다. 우연히 강남의 내 오피스텔 앞을 지나갈 때면 쓴웃음만 나온다.

지금도 거리를 지나다 오피스텔 분양 광고를 보면 제발 다른 사람들은 저 광고에 속지 않기를 바라는 마음뿐이다. 악마의 광고에 속지 않기를 다시 부탁드린다.

서울 소형 아파트 투자로 2000만 원을 손해 보다

앞에서 밝힌 대전 아파트 투자 실패 사례는 아파트 투자 초보라 워낙 아무것도 모르던 때였기에 이해가 되기는 한다. 부자가 되고 싶은 욕심이 컸고, 대전이라는 대도시 한복판에 자리

한 소형 아파트를 갖는다는 게 꿈만 같았으니까 말이다. 너무 거액을 손해 봐서 그렇지 큰 가르침을 받은 아파트였다. 서울 강남에 내 명의의 번듯한 오피스텔을 갖는다는 것도 꿈같은 이야기 아니었겠는가?

그런데 이번에 말하고자 하는 아파트는 불과 1년 전에 투자한 실패 사례다. 서울의 소형 아파트에 잘못 투자한 사례를 이야기하고자 한다.

나처럼 아파트 투자를 전문으로 하는 사람이라면 서울에 아파트를 갖는 게 소원이 된다. 물론 서울에 아파트를 구입하려면 훨씬 많은 금액을 투입해야 하기 때문에 부담이 크지만 그래도 사람 마음이 어디 그런가? 서울에 내 소유의 아파트 한 채를 갖고 싶은 게 사실이다.

그러는 와중에 나의 레이더에 걸린 아파트가 있었다. 24평 아파트가 3억 원대 후반인데 전세가하고 3000만 원 정도 차이 났다. 전세가 매매가 대비 90퍼센트가 넘는, 투자 대상으로 좋아 보이는 아파트였다.

지방의 부동산 투자 단체들이 서울의 아파트를 싹쓸이하던 때라 내가 이 아파트를 소유하려면 깊이 생각해 볼 여유가 없었다. 그냥 질렀다. 아파트 등기가 끝나고 정확히 내 소유의 아파트가 되었을 때 얼마나 기뻤는지 모른다. 드디어 나도 서울에 소형 아파트를 가졌다는 기쁨에 완전히 취했다.

이 아파트를 소유하고 5개월 정도 지났을까, 갑자기 세입자가 다른 지역으로 발령 나서 이사해야 한다는 것이었다. 이 또한 얼마나 기뻤겠는가. 전세가를 더 올려서 다른 세입자와 계약할 수 있을 거라 생각했으니까 말이다.

그런데 오히려 전세가가 2000만 원 정도 떨어졌다고 부동산 중개업소에서 연락이 왔다. 아니 이게 말이 되는가? 내가 강의할 때마다 전세가는 떨어지기 힘들다고 말하는 자칭 소형 아파트 전문가라는 사람인데, 내 아파트의 전세가가 5개월 만에 2000만 원 정도 떨어졌다니 당혹스럽지 않을 수가 없었다.

왜 이런 일이 벌어졌을까? 우리가 투자해야 하는 소형 아파트는 시간이 지나 물가가 오르는 것에 비례해서 전세가도 자연스럽게 오르는 아파트여야 한다. 그런데 내가 구입한 아파트는 인근 지역의 재개발로 인한 전세 수요가 갑자기 급등하는 바람에 폭등해서 매매가와 전세가의 차이가 극히 작아진 경우였다. 내가 그것을 파악하지 못한 것이다.

매매가가 갑자기 떨어져서, 또는 전세가가 갑자기 폭등해서 매매가와 전세가의 차이가 갑자기 작아지는 소형 아파트는 절대 투자하면 안 되는 것인데 내가 그런 실수를 저지른 것이었다.

기존에 살던 세입자를 내보내고 새로운 세입자를 들이는 데 내 돈이 2000만 원이 더 들어간 결과가 되고 만 것이다. 다시 말해서 2000만 원을 손해 본 꼴이 된 것이다. 이 얼마나 바보 같은 행동이란 말인가?

그렇게 수많은 경험을 하고 소형 아파트에 대해 수도 없이 강의해 온 내가 서울에 아파트를 구하고 싶다는 욕심이 앞서서 어처구니없이 손해 보는 장사를 한 것이다.

지금도 이 아파트의 전세가는 변함이 없다. 아직 오르지 않는다. 주변 지역의 재개발로 인한 전세 광풍이 한 번 지나가더니 그 후로 전세 시장이 아주 평온하다.

나도 이런 실수를 한다. 서울의 소형 아파트는 대전 아파트에 비해 큰 피해를 본 것은 아니지만 큰 가르침을 받은 사례다.

이 책을 읽는 당신도 이런 아파트는 절대 투자하지 않기 바란다.

실패를 통해 성공이 폭발한다

앞에서 말한 것처럼 나도 많이 실패했다. 위에서 말한 실패 사례 외에 또 다른 실패 사례가 왜 없겠는가? 나를 상대로 부동산 가지고 장난친 사람도 많고, 내가 잘 몰라서 잘못 투자한 것도 있고, 투자 경험이 그렇게 많은데도 서울에서 실수한 경우도 있었다. 사람이라는 게 많은 실수와 실패를 통해서 배우는 것 아니겠는가?

대신 나는 실패에 연연해하지 않고 무조건 용감하게 지방 아파트에 수없이 투자했다. 그 지방 아파트의 전세 상승으로 인해 또 다른 아파트를 구입했다. 종종 전세 만기가 되기 전에 전세입자가 다른 곳으로 이사 가는 바람에 내 예상보다 빠르게 현금을 확보할 기회도 많았다. 이렇게 모인 금액을 가지고 수도권에 아파트를 사기도 했다. 지방과 수도권의 전세가 상승폭이 커지면서 더 많은 현금을 확보할 수도 있었다. 이렇게 현금이 확보되는 대로 쉬지 않고 소형 아파트를 계속 구입해 나갔다.

그런데 참 신기한 것이 처음 소형 아파트를 살 때 한 채가 두 채, 두 채가 네 채, 네 채가 여덟 채 되는 것은 시간이 참 오래 걸렸는데 50채가 100채, 100채가 150채 200채 되는 것은 너무나도 빠르게 진행되었다는 사실이다. 빠르게 아파트가 늘어나는 걸 보며 두려움이 생길 정도였다.

꼭 폭탄이 폭발하는 것처럼 기하급수적으로 아파트가 증가했다. 100채가 되기 전까지는 이론만으로 그렇게 될 거다, 라고 생각했는데 막상 100채가 되고 보니 아파트가 늘어나는 속도에 놀라지 않을 수 없었다.

나의 소형 아파트 투자 성공 사례는 현재 200여 채에서 계속 발생하고 있다. 실패 사례를 제외한 200여 채의 소형 아파트가 나를 위해서 매일매일 열심히 구르고, 또 하나의 성공 사례를 끊임없이 만들어 주는 것이다. 소형 아파트 투자는 내 인생을 완전히 바꾸어 놓았다.

생명이 없는 소형 아파트가 죽어 있는 게 아니라 나를 위해

309

서 매일 열심히 일해 주고, 행복과 기쁨을 주고, 다른 사람들에게 베푸는 인생을 살기 위해 책을 쓰게 하는 것이다.

보통 사람이 거대한 부자가 되는 가장 강력한 방법은 소형 아파트 투자라고 감히 단언한다. 당신도 이 책을 통해 인생이 크게 달라지기를 바란다. 나처럼 거대한 부자로 살기를 바란다.

박정수의 투자 조언 10계명

이것만 지키면 부자가 안 될 수 없다

---

1. 돈을 깔고 있지 않는다

돈이 나를 위해 움직이게 만들어야지 은행에 재워 두거나 집 안에 꽁꽁 묶어 두는 건 바보 같은 짓이다.

---

2. 제대로 된 복리를 이용해 목돈을 만든다

은행 저축이나 금리형 금융 상품을 이용하여 돈을 모아 봤자 나중에 물가상승률도 따라가지 못한다. 즉 가만히 앉아서 돈 을 잃어버리는 것이다. 돈이 제대로 굴러가게 만들어야 한다. 현재 홈쇼핑이나 은행, 광고 매체에서 떠드는 복리 상품은 제

대로 된 복리가 아닐뿐더러 당신의 돈을 갈취할 뿐이다.

---

3. 목돈이 모이면 소형 아파트를 구입한다

인구가 계속 유입되고 산업 단지가 있는 지역의 소형 아파트는 독점이다. 시간이 지나도 그만한 물건을 찾을 수 없는 것이다. 수요는 계속 늘어나는데 공급은 부족한 것이 소형 아파트다. 소형 아파트는 나중에 금보다 더 큰 효과를 낼 수도 있다는 것을 알아야 한다. 단, 전세를 끼고 소액으로 투자할 수 있는 소형 아파트에 투자해야 한다.

---

4. 소형 아파트를 최대한 늘려나간다

소형 아파트를 한 채나 두 채에 만족하지 말고 열 채 스무 채를 만들어야 한다. 열 채는 열 배의 효과를 내는 게 아니라 스무 배, 서른 배의 효과를 만들어 낸다.

직접 경험해 보면 안다. 제발 따지려 하지 말고 무조건 실행해 보라. 한 채에서 다섯 채까지 만들기는 어렵지만 열 채에서 스무 채가 되는 것, 스무 채가 서른 채가 되는 것은 정말 쉽다. 내 돈을 들이지 않고 말이다.

5. 현금 흐름에 초점을 맞춘다

대부분의 사람들은 시세 차익에만 초점을 맞춘다. 하지만 시세 차익에 관심을 두지 말고 무조건 현금 흐름에 초점을 맞춰야 한다. 내 주머니에 현금이 들어오게 만들어야 한다. 이게 부자가 되는 방법이다.

6. 아파트를 통한 현금 흐름으로 돈이 계속 구르게 한다

돈이 은행에 있으면 썩은 물이나 다름없다. 돈은 계속 굴려야 한다. 그렇게 모아서 또 실물에 투자하는 것이다.

7. 부자가 되어야 한다는 강한 의지를 갖는다

똑같은 인생, 똑같은 삶인데 나는 왜 부자로 살면 안 되는 것인가? 그동안 우리가 알고 있던 재테크 상식은 대부분 잘못되었다 해도 과언이 아니다.

우리 주변의 재무설계사라는 사람들도 솔직히 부자가 아닐 뿐더러 부자가 되는 방법도 알지 못한다. 이런 사람들에게 배

부록
시크릿 노트

울 건 하나도 없다. 제발 제대로 된 투자를 통해 부자가 되자. 당신은 멋지게 살아갈 가치가 있다. 멋지게 살라고 이 세상에 태어난 것 아닌가?

8. 누가 뭐라 해도 귀를 막고 위의 방법을 고수한다

주변에서 나에게 조언하는 사람들은 거의 다 아마추어다. 아니면 당신을 통해 다른 이익을 얻고자 하는 사람들이다. 그런 사람들 말은 듣지도 마라. 나도 그런 말에 많이 속아 왔다. 세상에 나를 진심으로 돕고자 하는 사람은 없다고 봐도 된다.

9. 박정수라는 사람을 최대한 이용한다

당신의 인생에서 박정수라는 사람이 가장 큰 나침반 역할을 하거나 가장 큰 도움이 될 것이다. 다시 말하지만 세상에 진심으로 당신을 돕고자 하는 사람은 없다고 봐야 한다. 어떻게 재테크를 해야 할지 잘 모르겠다면 나에게 컨설팅을 받아라. 당신의 인생을 바꿔 줄 자신이 있다. 당신도 인생을 바꿔서 멋지고 당당한 사람으로 거듭나고 싶지 않은가?

10. 세상의 재테크 정보는
　　당신을 부자로 만들어 주지 않는다

우리가 아는 여러 가지 재테크 정보는 부자로 만들어 주지 않는다. 나에게 큰 도움이 될 만한 정보가 쉽게 돌아다닐 것 같은가? 그렇게 유용한 정보라면 부자들이 잘 퍼뜨리지 않는다. 자잘한 재테크 정보에 관심 두지 말고 인생의 큰 그림을 그려 보라. 그 그림을 이루기 위해 나를 만나 보라. 지금까지와는 달리 당신에게 희망과 빛이 보일 것이다. 그리고 수년 안에 정말 부자가 될 것이다.

부록
시크릿 노트

위대해지는 것을 두려워하지 마라

사랑하고 존경하는 독자 여러분!

저는 여러분에게 항상 말씀드립니다. 더 위대해지라고, 지금의 당신은 이렇게 살라고 태어난 게 아니라고, 더 크게 생각하고 나 자신을 더 위대하게 보라고.

지금까지 우리는 지정된 교육만 받아 온 결과 그저 주어진 모습으로만 살고 있습니다. 어떨 때는 나 자신이 더 크게 성공하고 더 위대해진다는 게 두렵기도 합니다. 지금도 큰 두려움이 엄습하곤 합니다.

부동산을 많이 구입할 때 이러다가 내가 크게 망하는 게 아닐까? 이 대출로 망하는 게 아닐까? 내가 지금 이렇게 해도 되는 걸까? 이러다 무슨 큰 문제가 생겨서 신용불량자라도 되는 게 아닐까? 하고 걱정을 많이 했습니다.

하지만 여러분! 제발 여러분이 위대해지는 것을 절대 두려워하지 마십시오.

처음에는 많이 두려울 수 있습니다. 남들은 아파트 한 채뿐인데 나는 수십 채를 소유했으니 정말 두려울 때도 있을 겁니다. 하지만 그 두려움을 즐기십시오. 그렇게 두려워하는 그때가 여러분이 크게 성공하는 과정 아니겠습니까?

사랑하고 존경하는 독자 여러분!

제발 미친 듯이 투자하십시오. 미친 듯이 소형 아파트를 사십시오. 제가 미친 듯이 소형 아파트를 산 것처럼 여러분도 사십시오. 그렇게 사다 보면 투자한 소형 아파트에서 전세가 상승분이 발생하고 그 돈으로 또 아파트를 살 수 있습니다.

소형 아파트 투자에 미치면 스무 채를 만드는 데 그리 오래 걸리지 않습니다. 대출을 받아서라도 사십시오. 부모님에게 빌려서라도 사십시오. 안 빌려주시면 바짓가랑이라도 잡아서 빌리십시오. 그런 용기가 필요합니다.

스무 채 이상 구입하면 여러분은 상상할 수 없을 만큼 거대한 부자가 됩니다. 제가 겪어 봐서 압니다. 저의 회원들도 경험해 봐서 압니다. 그때의 그 모습! 정말 예전과 완전히 달라진 내 모습을 발견하게 됩니다. 바로 그때 소리를 지르면서 기뻐하십시오.

그저 놀면서 아파트를 구입하라는 이야기가 아닙니다. 본문에서 분명히 말씀드렸습니다. 미친 듯이 투자하라고. 미친 듯이 소형 아파트를 사려면 자기 일에 최고가 되어야 하고, 코피를 쏟을 정도로 자기 일에 미쳐야 하고, 자기 계발을 통해서 지금보다 더 많은 수입을 창출해야 합니다. 자기 계발에 필요한 지출이 있다면 아끼지 말고 지출하십시오. 대신 그 과정에서 소형 아파트를 한 채씩 살 때마다 가족들과 함께 그 아파트를 직접 보고 오십시오. 그 기쁨을 가족과 함께 누리십시오. 그리고 아이들에게 말씀하십시오. 아버지가 소형 아파트를 언제까지 꼭 스무 채 이상 만들겠다고, 거대한 부자가 되고야 말겠다고. 아이가 아버지를 보고 배웁니다. 여러분의 모습을 보면서 아이가 여러분과 똑같이 행동합니다.

우리는 절약을 하고 아끼고 열심히 저축하면서 살아가고 있습니다. 하지만 평생을 이렇게 살아야 합니까? 아니죠, 절대 아닙니다. 우리도 인생을 멋지게 살아야 하지 않겠습니까? 남들이 외제 차를 탄다고 부러워할 게 아니라 우리도 그렇게 되어야 하지 않겠습니까? 남들이 시간의 자유를 가지고 산다면 우리도 그렇게 여유로운 인생을 살아야 하지 않겠습니까? 경제적 부를 토대 삼아 항상 긍정적으로 살아야 하지 않겠습니까?

여러분이 정말로 하고 싶은 일을 꼭 해 보면서 살아야 하지 않겠습니까?

우리가 바로 그렇게 살자는 겁니다.

여러분이 위대해지는 것을 반대하는 사람이 많을 겁니다. 친척, 친구, 부모님, 직장 동료 등 많은 사람이 반대 의견을 제시할 겁니다. 그들은 소형 아파트 투자도 모르고, 경제의 흐름도 모르고, 남의 돈으로 부자가 되는 방법도 모르고, 자본주의의 속성도 모르고, 남의 성공을 달가워하지도 않습니다.

여러분의 성공은 바로 여러분 손에 달려 있습니다. 주변의 부정적인 말은 무시하십시오. 그냥 귀를 닫고 무조건 직진하십시오. 그리고 성공한 모습을 당당하게 보여 주십시오.

저는 독자 여러분에게 지금의 삶에 만족하라고 말하지 않습니다. 더 위대해지고 더 부자가 되고 더 멋진 여러분이 되라고, 여러분이 여러분 자신을 존경하라고, 여러분 내면에 있는 그 에너지를 발산하라고 말씀드립니다.

우리 한번 미친 삶을 살아 봅시다. 아파트 스무 채가 되기 전까지 미친 듯이.

왕초보도 100% 성공하는
부동산 투자 100문 100답

지은이 | 박정수
발행처 | 도서출판 평단
발행인 | 최석두

신고번호 | 제2015-00132호
신고연월일 | 1988년 07월 06일

초판 01쇄 인쇄 | 2016년 04월 15일
초판 41쇄 발행 | 2021년 07월 15일

우편번호 | 10594
주소 | 경기도 고양시 덕양구 통일로 140(동산동 376)
　　　삼송테크노밸리 A동 351호
전화번호 | (02) 325-8144(代)
팩스번호 | (02) 325-8143
이메일 | pyongdan@daum.net

ISBN | 978-89-7343-436-7 03320

값 · 15,000원

이 도서의 국립중앙도서관 출판예정도서목록(CIP)은
서지정보유통지원시스템 홈페이지(seoji.nl.go.kr)와
국가자료공동목록시스템(www.nl.go.kr/kolisnet)에서
이용하실 수 있습니다.

(CIP 제어번호: CIP2016008112)